Hans Jerrentrup • Jürgen Resch
Eleni Daroglou • Elke Thielcke-Resch

Der Nestos

Leben zwischen Fluß und Meer

Naturführer durch eine der faszinierendsten
Landschaften Nordost-Griechenlands

Verlag Jürgen Resch

Die Autoren

Hans Jerrentrup, Eleni Daroglou

...leben und engagieren sich seit Jahren in Nordost-Griechenland für den Naturschutz. Hans Jerrentrup studierte in Heidelberg Biologie und Geographie und schrieb seine Diplomarbeit über das Nestos-Delta. Er hat den größten Teil des Textes verfaßt. Eleni Daroglou war Lehrerin am Gymnasium in Hrysoupolis und ist seit 1988 Vorsitzende der Gesellschaft für Naturschutz und ökologische Landesentwicklung (EPO).

Jürgen Resch , Elke Thielcke-Resch

.... engagieren sich seit Jahren im Naturschutz am Bodensee. Jürgen Resch ist Geschäftsführer der Deutschen Umwelthilfe und als Direktor der Stiftung Europäisches Naturerbe für das Nestos-Projekt zuständig. Elke Thielcke ist Dipl. Ing. der Landespflege. Sie hat die Karten und Skizzen zu diesem Buch beigetragen.

In Dankbarkeit Dr. Luc Hoffmann
und Byron Antipas gewidmet,
die sich durch ihren
ausdauernden Einsatz
um die Erhaltung der Natur
in Griechenland
verdient gemacht haben.

Danksagung

Ohne die Mithilfe zahlreicher griechischer und deutscher Naturschützer wäre es nicht möglich gewesen, diesen Naturführer fertigzustellen.

Für die grafische Gestaltung des Layoutes und des Umschlages sowie für die Mitarbeit bei der Bildauswahl danken wir **Renate Lüngen**. Für die kritische Durchsicht, der Mitarbeit an einzelnen Kapiteln und für die vielen wertvollen Hinweise sind wir **Claus-Peter Hutter**, **Annette Bernauer**, **Helga** und **Gerhard Thielcke**, **Mark-Oliver Rödel** und **Heidi Megerle** zu Dank verpflichtet. **Peter Meuser** danken wir für seine Unterstützung in Desktop-Publishing-Fragen.

Die Herausgabe dieses Naturführers dient dem Naturschutz-Modellprojekt "Nestos" der Stiftung Europäisches Naturerbe. Dieses Projekt wird gefördert durch **Daimler Benz**.

Danken möchten wir auch Detlev Herb von **Kyocera Electronics** für die Überlassung eines Laserdruckers F-1010 sowie Herrn Bisa von **Toshiba Deutschland** für die Überlassung eines tragbaren Computers T1200, mit dem die Texte erfaßt wurden.

Güttinger Straße 19 • 7760 Radolfzell 1

Lektorat: Christian Lang
Druck: Druckerei Krammer, Radolfzell
Printed in Germany

ISBN 3-9801641-2-8

Inhalt

Allgemeiner Führer für das Nestos-Gebiet

Reiseinformation

Gefährdung und Schutzmaßnahmen

Grußwort

Anfang Mai läßt die Sonne im Nestos-Delta das Thermometer schon einmal auf 24 oder 26 Grad Celsius klettern. Vom Meer her weht eine leichte Brise. Die Vegetation in den weitläufigen Lagunen bei Keramoti wiegt sich zart in der frischen Meeresluft. Es hat den Anschein, daß sich die feinen Wellen des Meeres landeinwärts fortsetzen. Am Rand der Lagunen hat sich eine Gruppe Ornithologen postiert. Die jungen Leute sind aus verschiedenen europäischen Ländern hierher gekommen. Sie sind Studenten und Naturschutzpraktiker aus Deutschland, Frankreich, Spanien und Griechenland. Sie wollen etwas mehr über die Bedeutung der Lagunen als "ökologische Umschlagplätze" am Südostzipfel Europas erfahren. Eine ganze Weile beobachten sie Spornkiebitze, die hier in den Lagunenbereichen und Mündungszonen im Nestos-Delta eine der letzten Brutplätze in Europa haben. Wo sonst in Europa ist es noch möglich, typische Flußauen und weitgehend natürliche Dünen und Lagunen mit ihrem ganzen Reichtum an Tieren und Pflanzen zu erleben?

Aber die Natur im Nestos-Delta ist in Gefahr. Durch landwirtschaftliche Intensivierungsmaßnahmen, Umwandlung von Auwäldern in Pappelplantagen und durch Erschließungsmaßnahmen in den Küstenbereichen ist ein bedeutender Teil unseres europäischen Naturerbes bedroht. Noch ist es nicht zu spät. Alle naturbewußten Europäer müssen sich die Frage stellen, ob wir es gemeinsam fertig bringen, bedrohte Arten wie den Spornkiebitz, Schreiadler und Fischotter schon um ihrer selbst willen zu erhalten.

Die in diesem Buch beschriebene Landschaft des Nestos-Deltas ist, wie das Naturschutz-Modellprojekt für dieses Gebiet, ein Fallbeispiel für die notwendige Solidarität zwischen Natur und Kultur in Europa. Letztlich geht es dabei auch um uns selbst. Denn wie wir mit der Natur umgehen, ist immer auch eine Frage, was wir uns selbst wert sind.

Längst hat sich gezeigt, daß die Natur nicht an Ländergrenzen halt macht. Und in einer Zeit, in der wir intensiver denn je an einem "Europäischen Haus" bauen, müssen wir erkennen, daß die ökologischen Fundamente dafür nur durch eine internationale Solidarität mit der Natur errichtet werden können.

Mit dem Naturschutzprojekt Nestos-Delta wurde eine neue Seite europäischer Naturschutzgeschichte aufgeschlagen. In besonderer Weise arbeiten nun Naturschützer, Gemeinden, Wissenschaftler, Regierungsstellen, Naturschutzpraktiker und Vertreter aller öffentlichen Bereiche für den Erhalt dieser einmaligen Landschaft zusammen.

Unser herzlicher Dank gilt dabei den vielen tausend Bürgern, der Zeitschrift "natur", dem Zweiten Deutschen Fernsehen sowie Daimler Benz, die dieses langfristig angelegte Naturschutzprojekt finanziell und ideell fördern.

Claus-Peter Hutter

Präsident der
Stiftung Europäisches Naturerbe

Einführung

"Land des Ursprungs der abendländischen Kultur, der Philosophie, der Naturwissenschaften und der Demokratie", so kennt man Griechenland. Seine antiken Städte und Tempel von Athen, Delphi, Olympia, Mykene und Sparta sind weltberühmt. Die uns heute bekannte Geschichte dieses Landes beginnt gut 3000 Jahre vor Christi Geburt auf den Kykladen und wurde in der Blütezeit von Kreta (minoische Kultur) und Mykene in der klassischen Periode fortgeführt. Der siegreichen Zeit von Alexander dem Großen folgt die römische Unterwerfung, die Zeit von Byzanz und das sehr düstere, von Kriegen und Besetzern gekennzeichnete Mittelalter - bis hin zur Befreiung und Neugründung des Griechischen Staates im 19. Jahrhundert.

Griechenland hat jedoch nicht nur ein kulturelles Erbe, sondern ein lebendes, einmaliges Naturerbe. Felsige Mittelmeerinseln mit Sandstränden und blauem Meer, weite Ebenen in Thessalien und Mazedonien bis hin zu alpinen, bewaldeten Gebirgen wie Olymp und Pindos bilden zusammen mit den vorwiegend im nördlichen Teil des Festlandes liegenden Feuchtgebieten ein Mosaik landschaftlicher und ökologischer Vielfalt.

Hafen von Keramoti

Der am Fluß Nestos lebende Zentaur

Im Nordosten Griechenlands, zwischen den Städten Kavala und Komotini und nördlich der berühmten Insel Thassos, befindet sich eine außergewöhnliche Landschaft: ein ausgedehnter Komplex von Feuchtgebieten entlang der ägäischen Küste. 20.000 Hektar natürliche Auwälder, Brackwasserlagunen mit angrenzenden Salzmarschen, Schilfgebiete und eine Vielzahl anderer Feuchtbiotope bieten auf über hundert Kilometern Küstenlinie einer erstaunlichen Vielfalt an Tieren und Pflanzen Lebensraum, vom Fischotter und Schreiadler bis hin zum Spornkiebitz und der seltenen Strandnarzisse.

Das Gebiet ist darüber hinaus von internationaler Bedeutung: als Rastplatz für Millionen Zugvögel aus Mittel-, Nord- und Osteuropa sowie als Überwinterungsgebiet zahlreicher Vogelarten. Alle Naturschutzbemühungen in Mitteleuropa für die Vogelwelt können nur erfolgreich sein, wenn auch hier am Nordrand des Mittelmeeres die Feuchtgebiete zusammen mit den Waldgebieten als ökologische Trittsteine erhalten bleiben.

Bis in die Zeit des Zweiten Weltkrieges waren weite Teile des Nestos-Deltas für die Menschen weitgehend unbewohnbar. Sümpfe, Überschwemmungen und Malariaseuchen waren für die Gegend typisch. Der Nestos-Urwald

Kotza Orman (Großer Wald), beschrieben als der größte Auwald des südlichen Balkans, war undurchdringbar. Die Zerstörung begann erst im Griechischen Bürgerkrieg 1945 - 49 mit der Rodung weiter Teile des Auwaldes, da er als Partisanenunterschlupf diente und deshalb vernichtet werden sollte. Es folgten großflächige Entwässerungen zur Intensivierung der Landwirtschaft. Heute sind nur noch Reste dieses Auwaldes im Flußbett und zwischen den neu errichteten Hochwasserdämmen erhalten. Eine weitere Besonderheit des Deltas sind die ausgedehnten Lagunen entlang der Küste. Am Mittelmeer finden sich nur noch wenige Flüsse, deren Mündungsbereiche unverbaute, breite Sandstrände ohne touristische Erschließung und ausgedehnte Salzmarschen aufweisen.

Mit dem Eintritt Griechenlands in die Europäische Gemeinschaft entstand unbeabsichtigt eine neue Gefahr für diese einmalige Landschaft. Große Geldbeträge werden heute für die Intensivierung der Landwirtschaft und der Fischerei bereitgestellt. Die Rodung alter Olivenhaine zugunsten kurzlebiger Kiwikulturen sind ein aktuelles Beispiel für eine ökologisch wie wirtschaftlich unsinnige und zerstörerische Wirtschaftspolitik. Griechische Naturschützer beklagen zunehmend einen unverantwortlichen Umgang mit der Natur. Trotz mancherlei gesetzlicher Vorkehrungen sind Wilderei, Forst- und Weidefrevel an der Tagesordnung.

Der Fluß Nestos hat seinen Namen, wie so viele Plätze in Griechenland, aus der griechischen Mythologie. Der Nestos (oder Nessos) war ein Zentaur, ein Fabelwesen mit menschlichem Oberkörper, Pferdeleib und Pferdebeinen, der an diesem Fluß seinen Unterschlupf hatte. Der Zentaur wurde von Herkules nach einem langen, schweren Zweikampf getötet. Herkules überlebte Nestos nur kurz. Das vom Zentaurenblut getränkte Kleid verbrannte diesem die Haut. Verrückt vor Schmerz nahm sich Herkules das Leben.

Diese Sage läßt sich auf das 20. Jahrhundert übertragen. Der "Sieg" unserer Zivilisation über den Nestos in Form der vielen tausend Hektar Maisäcker und Pappelkulturen ist nur von kurzer Dauer. Die Sonne und das Salz verbrennen den trockengelegten Boden. Wenn man Herkules als Symbol für unsere Zivilisation und den Zentaur als Sinnbild der Natur ansieht, prophezeit uns die augenblickliche Entwicklung einen nur kurzen Triumph über die Natur.

Jetzt bekommen die Naturschützer vor Ort Hilfe und Unterstützung von der Stiftung Europäisches Naturerbe: Fortbildung und Training in Sachen Umweltbildung und Landschaftspflege, Mitarbeit bei konkreten Pflegemaßnahmen, Erfahrungsaustausch und finanzielle Hilfe zum Aufbau eines Naturschutzzentrums wurden eingeleitet.

Die jetzt angelaufenen Schutzbestrebungen lassen jedoch hoffen, daß es doch noch gelingt, diese einzigartige Landschaft zu erhalten. Erstmals arbeiten private und amtliche Naturschützer, Kommunalverwaltungen und Fachbehörden auf internationaler Ebene zusammen. "Naturschutz nicht gegen, sondern mit den Menschen" lautet die Devise des von der griechischen Gesellschaft für Naturschutz und ökologische Landesentwicklung (EPO) und der Stiftung Europäisches Naturerbe (SEN) initiierten Naturschutz-Modellprojektes "Nestos".

Ein modernes Naturschutz-Management mit einer umfassenden Betreuung der Nestos-Auen und Lagunen steht im Mittelpunkt dieses Naturschutz-Modellprojektes

Geschichte

Griechenland ist nicht nur Wiege der abendländischen Kultur und Philosophie. Es ist auch ein Land der Mythologie und der Naturwissenschaften. Der Philosoph Aristoteles (384-323 v. Chr.) hat als erster in ausführlichen Naturstudien alle damals bekannten Lebewesen katalogisiert und über erste Umweltzerstörungen berichtet. Eindrucksvoll sind seine vor 2.300 Jahren verfaßten Klagen über die großflächige Entwaldung in Attika und die dadurch ausgelöste Bodenerosion.

Ca. 3000 vor unserer Zeitrechnung, in der Bronzezeit, entwickeln sich auf dem Festland, auf den Kykladen und Kreta die ältesten europäischen Kulturen. Um 2.000 v. Chr. dringen Ionier und Achäer nach Griechenland ein. Im 15. Jahrhundert v. Chr. entsteht auf dem griechischen Festland (Mykene, Tiryns) eine einheitliche Zivilisation.

Mit der völligen Unterwerfung durch Rom erlebt Griechenland seinen Niedergang. Das Machtzentrum verlagert sich im Zuge der Christianisierung nach Byzanz als "Oströmisches Reich" mit der Hauptstadt Konstantinopel. Unter der orthodoxen Führung erlebt Griechenland eine weitere Blütezeit, die mit dem Vordringen des osmanischen Einflusses ein jähes Ende findet (1389 Eroberung Thrakiens und 1453 Fall von Konstantinopel).

Nur in der führenden Schicht des Handels und des Klerus, später auch in Teilen des osmanischen Beamtenapparates, bleiben Griechen von Einfluß. Im Mutterland Griechenland herrschten zu dieser Zeit Sklaverei und Armut vor.

Erst die stückweise Befreiung des Landes seit 1821 ermöglicht die Neugründung eines griechischen Staates, der freilich noch lange ein Spielball der Großmächte bleiben sollte.

So wie dieser Tempel in Sounion Zeuge einer jahrtausendealten Kultur ist, ist der Nestos lebendiges Beispiel für unser unersetzliches Naturerbe

Die Nestos-Region, eine kleine Kulturgeschichte

Die Region Ostmazedonien-Thrakien, ein Teil hiervon ist das Nestos-Gebiet, war bereits in geschichtlicher Zeit bedeutend durch das Vorkommen der Bodenschätze Gold, Silber und anderer Metalle, durch den weißen Marmor, die fruchtbaren Böden der Ebene und die waldreichen Berghänge, deren Holz zum Flottenbau genutzt wurde. Schon Aristoteles schreibt über den "Nessos", den Grenzfluß zwischen Mazedonien und Thrakien. Seine außerordentlich wichtige geostrategische Lage als "Tor" und Landweg zum Schwarzen Meer und Kleinasien haben dazu geführt, daß das Gebiet ständig von Kriegen überzogen wurde. Erst der Mazedonenkönig Philipp und nach ihm die Römer mit ihrer gepflasterten "Egnatia-Straße" von Thessaloniki nach Konstantinopel brachten friedliche Blütezeiten. Die Städte Philippi, Neapolis (Kavala), Perni, Topiros (an der Nestosbrücke), Avdira und natürlich Thassos waren in der Antike die wichtigsten, aber nicht die einzigen Siedlungen im Gebiet. Der Geschichtsschreiber Herodot (484 - 424 v. Chr.) berichtet, daß in der Nähe von Pistiros (heute Pondolivado) am Nordrand des Nestos-Deltas ein großer fischreicher See lag, an dessen Ufer das gewaltige Heer des eindringenden Perserkönigs Xerxes Rast machte und die zahlreichen Pferde den See leertranken.

In der byzantinischen Zeit wurden die Städte Xanthi und Genissea gegründet. Kavala, Avdira und Komotini hatten überregionale Bedeutung. Im osmanischen Reich scheint die Ebene nur sehr dünn besiedelt gewesen zu sein, wogegen (insbesondere nach der Einfuhr des Tabakes nach Europa) die roterdigen Südausläufer der Rhodopen stark besiedelt und intensiv landwirtschaftlich genutzt wurden.

Die häufigen Überschwemmungen des Nestos verhinderten die Besiedlung im Gebiet nicht völlig. Sowohl am Rande des Deltas (an Orten ehemaliger antiker Siedlungen) als auch im Inneren des Deltas lagen mehrere, vorwiegend türkische Siedlungen. Ein Beispiel hierfür ist Hrysoupolis - früher Sarischaban - die "goldene Stadt", die Mitte des vorigen Jahrhunderts erstmals urkundlich erwähnt wurde.

Nach dem verlorenen Krieg gegen die Türkei von 1919-22 und der nachfolgenden Zwangsumsiedlung von 1,5 Millionen kleinasiatischen Griechen aus der Türkei erhöhte sich der Siedlungsdruck auf ganz Nordgriechenland gewaltig. Viele neue Siedlungen wurden angelegt, neues Land kultiviert.

Die systematische Entwässerung des Feuchtgebietes "Nestos-Delta" begann aber erst nach dem 2. Weltkrieg und dem anschließenden Bürgerkrieg (1945-49). Noch im Frühjahr 1937 versanken bei einem Hochwasser drei Dörfer in den Fluten des Nestos. Das staatliche Vorhaben, bei Hrysoupolis eine Brücke über den Nestos zu bauen, hatte den natürlichen, vor Hochwasser schützenden Auwaldmantel aufgebrochen. Die Fluten konnten ungehindert ein neues Bett graben, in dem unglücklicherweise die Dörfer lagen.

Die Bändigung des Flusses und die Entwässerung des Deltas erfolgte erst in den 50iger Jahren. Unter Federführung holländischer Ingenieure wurde das heute noch existierende Bewässerungsnetz und ein Wehr an der Nestosbrücke bei Paradisos zur Ausleitung des Flußwassers und zur Bewässerung von mehr als 20.000 ha Ackerland angelegt.

Der Urwald "Kotza Orman"

Ein Naturdenkmal besonderer Art war der ausgedehnte, flußbegleitende Nestos-Urwald "Kotza Orman".

Der Forstwissenschaftler Papaioannou von der Universität Thessaloniki setzte sich seit dem Ende des Bürgerkrieges intensiv für die Erhaltung dieses Auwaldes ein. Auch wenn seine Bemühungen letztlich nicht erfolgreich waren, haben sie zum Naturbewußtsein in der Region beigetragen. Papaioannou kämpfte in den 50er Jahren entschieden für die Ausweisung des Waldes als Naturreservat. Der natürliche Auwald war damals noch 3 - 7 km breit und ca. 27 km lang, zu einer Zeit, als in Griechenland alle vergleichbaren Urwälder bereits zerstört waren.

Noch 1946 bestanden mehr als 7.200 ha = 72 km^2 Wald. Einzelne Bäume waren bis zu 40 m hoch. Silberpappeln erreichten einen jährlichen Höhenzuwachs von bis zu 4 m. Im Wald lebten Braunbären, Wölfe, Wildschweine, Fischotter, Goldschakale, Hasen, Rehe und Damhirsche. Letztere waren vermutlich von den Türken eingebürgert worden.

Die Türken hatten den Wald erhalten, weil er ihnen heilig und nützlich war. Sie hatten richtig erkannt, daß die Bäume den Boden befestigten und somit die Siedlungen und Felder vor Hochwasserfluten schützten. Gleichzeitig war er ein exklusives Jagdgebiet der türkischen Regionalfürsten. So war es streng verboten, den Wald zu roden.

Die Region westlich des Nestos wurde erst 1912 Staatsgebiet Griechenlands, während das östlich des Nestos gelegene Thrakien erst 1919 an Griechenland ging.

Als 1942 die Bulgaren kurzzeitig das von den Deutschen besetzte nördliche Griechenland verwalteten, erklärten sie den noch weitgehend unangetasteten Kotza-Orman-Auwald kurzerhand zum Nationalpark. Nur der bulgarische König durfte auf die Damhirschjagd gehen. Die Bulgaren hatten gehofft, Thrakien (und damit den Zugang zur Ägäis) nach dem Zweiten Weltkrieg behalten zu können.

In den Vorkriegs- und Kriegsjahren lebte die ganze Region von der Produktivität dieses Waldes. Täglich wurden bis zu 2.000 Ochsenkarren Holz abgefahren. Viehherden aus 33 Dörfern weideten hier. 80 Sägereien verarbeiteten die Holzernte. Landesweit war das Eschenholz des Kotza Orman berühmt. Es wurde überwiegend für die Möbelherstellung genutzt. Ulmen wurden für Werkzeuge und Pappel als Bauholz verwendet, die Südbalkanische Eiche lieferte besonders gutes Brennholz.

Zudem war der Wald wichtig als Bienenweide. Die reiche Jagdbeute versorgte die Dorfbewohner mit dem ansonsten in Griechenland raren Fleisch. Schließlich bot der undurchdringliche Urwald Schutz vor Eindringlingen aus dem Osten, er hatte somit auch eine militärische Bedeutung.

In diesen Jahren begann trotz der großen ökonomischen Bedeutung die systematische Zerstörung mit Bulldozern und, von der Mündung her beginnend,

Werden die Ackerflächen und Pappelkulturen in den Auenbereichen weiter ausgedehnt (links), verschwindet der noch intakte Auwald und mit ihm die typischen lianenberankten Baumriesen (rechts)

mit einem großen Schwimmbagger. Dieser warf das ausgehobene Erdreich des neuen, tiefer gelegten Hauptflußbettes an den Seiten zu Dämmen auf. Mehr als 2.200 ha Auwald wurden gerodet und ca. 900.000 Kubikmeter Holz verbrannt, da es so schnell nicht abtransportiert und verarbeitet werden konnte. Weitere 2.300 ha wurden von der örtlichen Bevölkerung gerodet und in Ackerflächen umgewandelt. 1952 waren noch ca. 2.700 ha ursprünglicher Auwald übrig, dem aber nun durch systematische Überbeweidung der Garaus gemacht wurde. Aus ganz Nordgriechenland wurden Ziegenherden zum Weiden hergebracht, insgesamt mehrere hunderttausend Tiere.

Wirtschaften mit der Natur

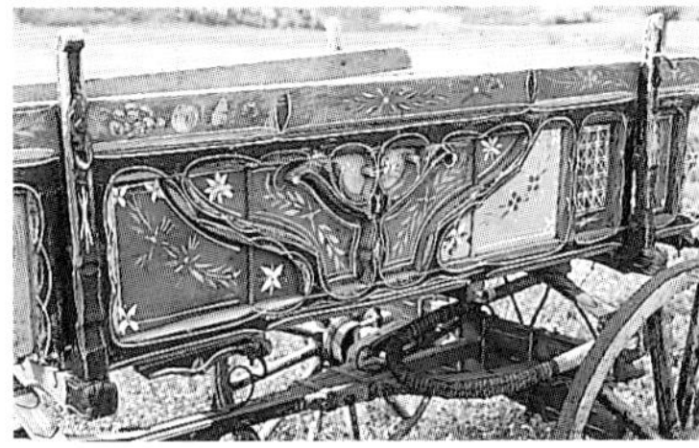

Nordost-Griechenland ist u. a. durch die Lage an der Peripherie Europas eine der am wenigsten entwickelten Regionen in der Europäischen Gemeinschaft. Die geringe Bevölkerungsdichte und der niedrige Industrialisierungsgrad trugen bisher zur Bewahrung der landschaftlichen Vielfalt bei.

Die landwirtschaftliche Nutzung der Flußdeltas verlief in den vergangenen Jahrhunderten im Einklang mit der Natur. Neben der Schaf- und Ziegenweide hatte die Haltung von Wasserbüffeln eine besondere Bedeutung. Diese eindrucksvollen Tiere, deren Heimat Asien ist, sind ideal an das Leben im Sumpf angepaßt. Am Nestos existierte bis Anfang der 80er Jahre eine letzte Wasserbüffelherde. Sie verschwanden, da es für das Fleisch keine Nachfrage mehr gab.

Die nordgriechische Nationalspeise ist im Winter der Bohneneintopf. Das Nestos-Delta war früher berühmt für seine großen dunklen und kleinen weißen Trockenbohnen. Heute werden sie kaum noch kultiviert. Sie sind Opfer des Futtermaisanbaus geworden.

In den letzten Jahrzehnten vollzog sich ein dramatischer Strukturwandel in der Landwirtschaft. Dies traf vor allem die höheren und mittleren Gebirgslagen. Hier hat die Landflucht in den letzten 50 Jahren zu einem starken Rückgang der Bevölkerung geführt. Die Natur eroberte sogar früher intensiv genutzte Bereiche zurück.

Die fruchtbaren Ebenen der Flußdeltas entlang der Küste werden dagegen besonders in letzter Zeit landwirtschaftlich immer intensiver genutzt.

Besonders nach dem Beitritt Griechenlands in die Europäische Gemeinschaft im Jahre 1981 hat ein Strom von Geldern und Subventionen zur "Entwicklung" in allen Bereichen eingesetzt - von der Mechanisierung und Technisierung der Land- und Forstwirtschaft, der Fischerei, über Siedlungs- und Straßenbau bis hin zu Neuansiedlungen von Industriebetrieben. Leider hat dies alles auch den Druck auf die unvergleichbar reichhaltige Natur der Region zunehmen lassen. Selbst für die entlegensten Winkel gibt es Entwicklungspläne, die mit großer Sicherheit zu weiteren Zerstörungen der vorhandenen oder geplanten Naturreservate beitragen werden.

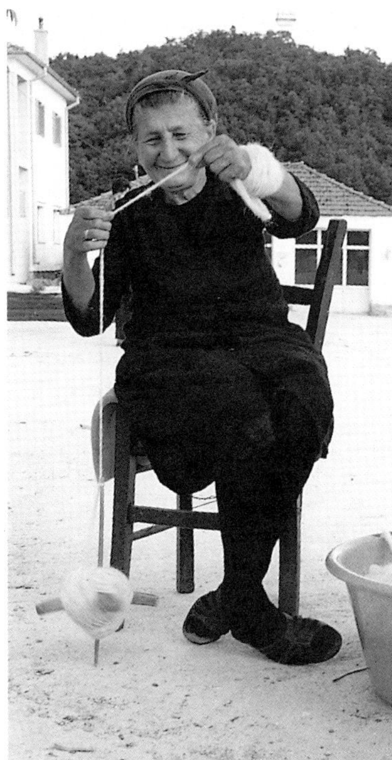

Mit dem Strukturwandel in der kleinbäuerlichen Landwirtschaft Nordost-Griechenlands verschwinden auch zahlreiche Kulturgüter, handwerkliche Fertigkeiten und Traditionen wie die typisch bunt bemalten Esel- und Pferdekarren (oben links) und traditionelle Dörfer (unten links). Landestypische thrakische Häuser sind nur noch selten zu sehen (rechts oben). Wie lange noch werden in den Dörfern die Frauen ihre eigene Wolle spinnen (rechts)?

Naturraum Nordost-Griechenland

Selten sind in Europa so viele verschiedene Ökosysteme in so natürlichem Zustand und diesen Ausdehnungen anzutreffen, wie dies in Nordost-Griechenland auf nur wenigen Dutzend Kilometern Luftlinie der Fall ist. Der Nestos, der im benachbarten Bulgarien entspringt und von Norden her dem Mittelmeer zustrebt und so durch Griechenland fließt, ist die zentrale Achse und Lebensader. An ihm reihen sich wie auf einer Perlenschnur die verschiedensten Landschaften auf, von alpinen Matten über Bergmischwälder und dem typischen balkanischen Eichenwald bis zu mediterranen Gehölzen und den Flußdeltas im angrenzenden Tiefland.

In den obersten Lagen der Rhodopen existieren auch heute noch echte, völlig vom Menschen unbeeinflußte Urwälder, phantastische Überbleibsel des natürlichen Bergmischwaldes mit Tanne, Fichte und Buche. Weite Teile der europäischen Gebirge dieser Höhenstufe waren früher mit diesen drei Baumarten bewachsen.

Die mittleren Lagen der Gebirge mit ihren abwechslungsreichen Wäldern und tiefen Felsschluchten sind weitgehend unbewohnt. Dutzende von Dörfern, deren Bewohner einst von der Schafzucht und dem Tabakanbau lebten, sind heute verlassen.

Klima

In der Nestos-Rhodopen-Region treffen und überlappen sich drei großräumige Klimazonen, die von entscheidender Bedeutung für die Ausprägung des Naturraumes sind:

1. Das **ozeanisch gemäßigte Klima** (wie es in Mitteleuropa vorherrscht) mit milden Sommern und Wintern und über das Jahr verteilten Niederschlägen,

2. das **sommertrockene, warme mediterrane Klima** mit Niederschlägen im Winter und

3. die Ausläufer des **kontinentalen osteuropäisch - kleinasiatischen Klimas** mit kalten, frostreichen Wintern und heißen, trockenen Sommern.

Bild linke Seite: Seen im Nestos-Delta

Bild links oben: Hochlagen der Rhodopen

Bilder unten: Eine Unterart der Erdkröte (Bufo bufo spinosus) wird fast doppelt so groß wie ihre mitteleuropäische Verwandte. Maurische Landschildkröte

Zur biogeographischen Lage der Region

Nordost-Griechenland ist in biogeographischer Sicht (Lehre von der natürlichen Verbreitung der Tier- und Pflanzenarten) einer der interessantesten Naturräume in Europa. In diesem Raum treffen drei biogeographische Regionen zusammen (Gebiete relativer Verwandtschaft der dort vorkommenden Tier und Pflanzenarten), was die große Artenvielfalt der Region teilweise erklärt:

1. Die mitteleuropäische Region mit Arten, die zum Teil in den Rhodopen ihre südlichste Verbreitung erreichen, wie **Waldschnepfe** (*Scolopax rusticola*), **Haselhuhn** (*Tetrastes bonasia*), **Tannenhäher** (*Nucifraga caryocatactes*), **Kreuzotter** (*Vipera berus*), und **Fichten**.

2. Der mediterrane Formenschatz mit seinen an Trockenheit und Hitze angepaßten Tier- und Pflanzenarten, wie **Cistrosen**, immergrünen **Eichen**, **Riesensmaragdeidechsen** (*Lacerta trilineata*), **Landschildkröten** und mediterranen **Grasmücken**.

3. Die asiatisch-kleinasiatischen Einflüsse mit Arten, die hier im Gebiet ihren westlichsten Verbreitungspunkt erreichen, z.B. **Isabellsteinschmätzer** *(Oenanthe isabellina)* und **Chuckarhuhn** (*Alectoris graeca*).

Die große geomorphologische Varianz der Region von Hochgebirgslagen mit bis zu 2.232 m Höhe über dem Meeresspiegel am vulkanischen Phalakron-Gebirgsstock bis zu Küstenebenen mit Feuchtgebieten begünstigen eine besonders arten- und individuenreiche Tier- und Pflanzenwelt.

Die Feuchtgebiete der Ebene ziehen sich auf über 100 km entlang der ägäischen Küste hin.

Sie sind mit ihrer Gesamtausdehnung von vielen tausend Hektar einmalig für Südosteuropa. Feuchtgebiete zeichnen

sich durch eine außerordentlich hohe biologische Produktivität aus.

Darunter versteht man ein starkes Wachstum der Lebewesen pro Fläche.

Dieser langgestreckte Gürtel von Feuchtgebieten ist für durchziehende und hier überwinternde Tierarten von internationaler Bedeutung.

Bild linke Seite: Der Spornkiebitz hat seine einzigen europäischen Lebensräume in Nordost-Griechenland.

Bild oben: Nur wenige Dutzend Kilometer vom Ufer des Mittelmeeres entfernt findet man einen mitteleuropäisch anmutenden Berg-Mischwald

Die Rhodopen, das ewige Grenzgebirge

Die zentralen Rhodopen sind ein sehr altes Gebirge, entstanden im Erdaltertum (Paläozoikum, Ordovizium vor ca. 500 Mill. Jahren). Sie bildeten einen Teil des Urkontinentes, der sogenannten Thrakischen Masse. Die Hochlagen bestehen aus sehr alten Urgesteinen, vor allem Quarzporphyr. Das ist ein gealterter, saurer Vulkanit. Die südlichen Bergketten bestehen aus tertiären Kalken vom Beginn der Erdneuzeit vor ca. 65 Millionen Jahren. Zu dieser Zeit vollzog sich die alpidische Faltung, d.h. der größte geologische Umbruch im zentralen und südlichen Europa, bei dem alle heutigen Hochgebirge aufgefaltet wurden. In dieser Phase der Faltung kam es zu sogenannten Plutonitintrusionen, d. h. Einbrüchen von magmatischen Gesteinsmassen und einzelnen vulkanischen Durchbrüchen (z.B. dem Phalakron-Gebirge). An Stellen, an denen von unten heiße Gesteine die bestehenden amorphen Kalkschichten (ohne sichtbare Kristallstruktur) angeschmolzen haben, ist der kostbare Marmor entstanden. Typisch für die heutige Landschaft sind die vielen weithin weiß leuchtenden

Wunden in den Bergen - Steinbrüche, in denen der Marmor abgebaut wird.

Im Pleistozän, dem Zeitalter der Eiszeiten kam es mindestens zweimal zur Vergletscherung der Rhodopen, in der Riß- und der Würmeiszeit.

Das Klima der Rhodopen ist durch die starken Temperaturgegensätze und extremen Niederschläge bis über 2.000 mm gekennzeichnet. Durch die starke Sonneneinstrahlung im Sommer steigen die Temperaturen auf für südliche Verhältnisse typische Werte an. Gleichzeitig sorgen häufige Gewittergüsse sowie der Steigungsregen für eine hohe Feuchtigkeit. Die Winter bringen viel Schnee, der oft bis in den Juni hinein liegen bleibt. Sogar in den Sommermonaten kann es nach Temperaturstürzen zu Schneeschauern kommen.

Die natürliche Waldgrenze liegt etwa bei 2.000 m, wurde aber in den Jahrhunderten dichter menschlicher Besiedlung durch starke Nutzung herabgedrückt. Die viel zu intensive Beweidung im Bereich der Waldgrenzen, Brandrodungen und eine überzogene Holznutzung führten zu weiten, offenen Matten, ähnlich denen der Hochalpen.

Seit dem Bürgerkrieg ist ein über 700 km^2 umfassendes und meist oberhalb 1.000 m liegendes Gebiet ohne dauernde Besiedlung. Hier hat die Natur viele alte Kulturflächen zurückgewonnen. Manche alte Wunden sind längst verheilt. Erst in den letzten 15 bis 20 Jahren greift der Mensch erneut mit Hilfe modernster Technik zerstörerisch in diesen Raum ein. Die verstärkte Waldweide und eine intensive Holznutzung, unterstützt vom sehr schnell sich ausbreitenden Wegenetz und der Erholungsnutzung einschließlich Jagd und Wilderei, bergen große Gefahren für diese einmalige Landschaft.

Bisher ist es nicht gelungen, hier großflächige Schutzgebiete auszuweisen. Nur ein relativ kleiner, öffentlich nicht zugänglicher Urwald im Nomos Drama sowie ein weiteres kleines Waldgebiet im Regierungsbezirk Xanthi sind geschützt.

Naturschützer und zukunftsorientierte Vertreter von Gemeinden und verschiedenen Institutionen versuchen mit Hilfe der griechischen Regierung, ein großflächiges Schutzgebiet mit Pufferzonen einzurichten. Eine weiträumige

Typisch für die Rhodopen (linke Seite - Blick auf den Nestos bei Stavroupolis, im Hintergrund die hohen Rodopen) sind die Rhodopen-Lilie (oben) und der Gänsegeier (links)

ökologische Raumordnungsplanung soll dieses Vorhaben unterstützen. Die Hochlagen der Rhodopen sind eines der bedeutendsten europäischen Ökosysteme dieser Waldform und Waldstufe. Die Ausweisung als Nationalpark, besser als Biosphärenreservat, ist gerechtfertigt und geboten.

Naturausstattung

Die Rhodopen als bedeutendes Quell- und wichtiges Einzugsgebiet des Nestos lohnen einer näheren Betrachtung.

Wegen der weitgehenden Ungestörtheit der Natur ist hier noch die vollständige, in Europa für diese Höhenlagen typische Großsäugerfauna heimisch, einschließlich **Braunbär** (*Ursus arctos*), **Wolf** (*Canis lupus*), **Hirsch** (*Cervus elaphus*) und **Gemse** (*Rupicapra rupicapra*) und vielleicht auch der **Luchs** (*Felis lynx*). In niedrigeren Lagen kommen außerdem **Goldschakal** (*Canis aureus*), **Wildschwein** (*Sus scrofa*) und **Wildkatze** (*Felis silvestris*) sowie **Hase** (*Lepus europaeus*), **Reh** (*Capreolus capreolus*), **Dachs** (*Meles meles*) und **Fuchs** (*Vulpes vulpes*) vor.

Im Gebiet finden außerdem viele typisch mitteleuropäische Tier- und Pflanzenarten ihren südlichsten Verbreitungspunkt, z.B. die **Fichte** (*Picea abies*), viele Vogelarten wie **Haselhuhn** (*Tetrastes bonasia*), **Rauhfußkauz** (*Aegolius funereus*), **Tannenhäher** (*Nucifraga caryocatactes*), **Zwergschnäpper** (*Ficedula parva*), **Waldlaubsänger** (*Phylloscopus sibilatrix*), **Ringdrossel** (*Turdus torquatus*) und **Braunkehlchen** (*Saxicola rubetra*).

Einige Arten nehmen eine deutliche Vermittlerrolle zwischen Mitteleuropa und dem Mittelmeerraum ein. So zum Beispiel die **Tanne** (hier *Abies borisii-regis*), die im Aussehen und den ökologischen Ansprüchen zwischen der mitteleuropäischen **Weißtanne** (*Abies alba*) und der **Griechischen Tanne** (*A. cephalonica*) steht. Dasselbe gilt auch für die hier vertretene **Buche** (*Fagus moesiaca*), die ein Bindeglied zwischen der europäischen **Rotbuche** (*Fagus sylvatica*) und der **Orientalischen Buche** (*Fagus orientalis*) ist.

Relikte aus der Eiszeit

Ein weiteres Phänomen sind die Reliktstandorte. Die Rhodopen waren nach dem Abschmelzen der eiszeitlichen Gletscher ein geeignetes Besiedlungsgebiet für kaltzeitliche Flora und Fauna. Hier konnten sich nordische Arten, die während der Eiszeiten über das gesamte eisfreie Europa verbreitet waren, nach dem langsamen Erwärmen des Klimas auf die kühleren Hochgebirgslagen zurückziehen und bis heute überdauern. Ähnliche Erscheinungen findet man auch in den Alpen, in Skandinavien und der Hohen Tatra.

Der Reichtum der Pflanzenwelt (die vielen Orchideenarten sind ein schönes Beispiel) wird noch durch das Auftreten sogenannter Endemiten verstärkt, d. h. von Arten, die nur in einem bestimmten, klar umgrenzten Raum vorkommen. Auffälligstes Beispiel hierfür ist die **Rhodopen-Lilie** (*Lilium rhodopeum*).

Heimat des Braunbären

Als Folge ehemaliger menschlicher Besiedlung sind die Gebirgslagen zwischen 1.600 und 2.200 m an vielen Stellen waldfrei. Diese subalpine Zone wird nur langsam vom Wald zurückerobert. Typisch sind die offenen Matten, Quellmoore und ausgedehnten Felsregionen. Hier sind **Gemse**, **Ohrenlerche** (*Eremophila alpestris*), **Wasserpieper** (*Anthus spinoletta*) und **Braunkehlchen** (*Saxicola rubetra*) heimisch. **Blau**-, **Preisel**-

und **Himbeere** haben hier ihre einzigen griechischen Vorkommen. Sie gehören zu den Lieblingsspeisen des Braunbären.

In der Höhenstufe von 1.600 (an geschützten Hängen von 1.800 m) bis 1.000 m gedeiht der subalpin-montane, mitteleuropäische Buchen-Tannen-Fichten-Mischwald, der an der obersten Grenze oft aus Fichtenreinbeständen besteht. Erst vor kurzem wurden hier Bruten von **Haselhuhn** (*Tetrastes bonasia*), **Waldschnepfe** (*Scolopax rusticola*), **Rauhfußkauz** (*Aegolius funereus*), **Ringdrossel** (*Turdus torquatus*), **Tannenhäher** (*Nucifraga caryocatactes*), **Dreizehenspecht** (*Picoides tridactylus*) und **Auerhuhn** (*Tetrao urogallus*) neu für Griechenland festgestellt.

In der kontinentalen Laubmischwaldstufe von ca. 1.000 (1.200) m bis etwa 400 m befinden sich die Balkaneichen-Wälder mit der Charakterart *Quercus frainetto*. Diesen Baum erkennt man leicht an den tief eingebuchteten, großen sommergrünen Blättern. In den unteren Lagen sind diese Wälder stark durchsetzt von der auffälligen **Balkan-Hainbuche** (*Carpinus orientalis*) und der **Hopfenbuche** (*Ostrya carpinifolia*). Auf den offenen, oft kalkreichen Wiesen blühen **Pontische Schachblume** (*Fritillaria pontica*), **Türkenbundlilie** (*Lilium martagon*), **Pfingstrose** (*Paeonia officinalis*) und ebenfalls viele Orchideen wie die **Dingelwurz** (*Limodorum abortivum*), die **Pyramidenorchis** (*Anacamptis pyramidalis*) und das **Holunderknabenkraut** (*Dactylorhiza sambucina*). An schattigen Stellen finden sich mehrere Arten von **Alpenveilchen**. **Stein**- und **Schlangenadler** (*Aquila chrysaetos* & *Circaetus gallicus*) sind in dieser Laubmischwaldstufe ebenso zuhause wie **Wildkatze**, **Goldschakal**, **Landschildkröte** (*Testudo hermanni* und *T. graeca*) und **Wildschwein**.

Eine Intensivierung der Holzwirtschaft, die selbst vor urwaldähnlichen Waldbeständen nicht halt macht, sowie der Bau von Forststraßen und die größtenteils unnötigen Feuerschneisen sind ernste Gefahren für die ansonsten noch weitgehend ungestörte Welt der Rhodopen. Neu angelegte Forstwege, die Waldbrände verhindern helfen sollen, bewirken häufig das Gegenteil. Brandstifter können so leichter in entlegene Gebirgsregionen vordringen und Feuer legen. Dies gilt auch für die heute motorisierten Jäger, die immer weiter in ungestörte Gebiete eindringen und Braunbär, Wolf und andere Großsäuger wildern.

Für die langfristige Sicherung dieses Teils unseres europäischen Naturerbes ist eine Ausweisung der Waldflächen als Bannwald notwendig. Durch eine schonende Nutzung der um die Urwaldreste gelegenen Pufferzonen ließen sich die heutigen Schäden vermeiden. Der Bau von Waldwegen muß sehr viel vorsichtiger und unter Vermeidung von Erosion und Übererschließung durchgeführt werden. Schranken könnten auf einfache Weise helfen, den Zugang in die schützenswerten Gebiete zu regulieren und zu lenken.

Um der unter Abgeschiedenheit und wirtschaftlichen Problemen leidenden Bevölkerung zu helfen, sollte der "Sanfte Tourismus" gefördert werden. Neben einem klassischen "Wandertourismus" kann auch die Vermarktung von Landesprodukten, die auf traditionelle Weise hergestellt werden, finanzielle Anreize für die Bewohner schaffen.

Apropos Landesprodukte: Honig oder Kornelkirschen sind Besonderheiten dieser Gegend. Mineralien, Holzschnitzerei und Urlaub auf dem Bauernhof sind Angebote, die gleichermaßen Kultur und Natur in diesem Teil Nordost-Griechenlands fördern könnten.

Die Nestosschlucht und die unteren Gebirgslagen

Im Bereich der südlichsten Rhodopenkette ist der Nestos gezwungen, dieses Kalkgebirge zu durchbrechen. Dies ist dem Fluß in einer eindrucksvollen Schlucht südwestlich von Stavroupolis gelungen. Steil abfallende Hänge mit hohen Felsklippen von bis zu 1.000 m Höhenunterschied zeigen je nach Untergrund, Höhenlage und Exposition eine reiche Gliederung verschiedener europäischer Vegetationszonen. Die Ausrichtung nach Süden bedeutet Sonne, Wärme und Trockenheit, die Ausrichtung nach Norden Schatten und somit kühlere und feuchtere Lebensbedingungen.

Am Fluß wachsen mitteleuropäisch anmutende Auwälder mit Erlen, Weiden, Pappeln und auf kiesigen Böden auch Orientalische Platanen. Eine dichte dornige Lianenflora macht das Durchdringen oft unmöglich. In den Bereichen mit offenen Sandbänken leben **Fischotter** (*Lutra lutra*), **Würfelnatter** (*Natrix tesselata*) und **Flußregenpfeifer** (*Charadrius dubius*).

In den unteren sonnenexponierten Lagen treten bis ca. 400 m die mediterranen Florenelemente besonders stark in Er-

scheinung. Hier ist der Frühling, wenn die meisten Sträucher und Blumen blühen, die schönste Jahreszeit. Zu sehen sind der **Zyprische Erdbeerbaum** (*Arbutus andrachne*), **Cistrosen** (*Cistus spec.*), **Pistazien** (*Pistacia terebintus*) und **Judasbaum** (*Cercis siliquastrum*), bei dem die dichten lila bis roten Blüten direkt aus dem Stamm kommen.

Wilde Feigen und **Oliven**, die **Kermeseiche** (*Quercus coccifera*) und baumartige **Wacholder** (*Juniperus excelsa*) sind weitere mediterrane Arten. In den Gebüschen singen **Weißbart-**, **Samtkopf-** und **Orpheusgrasmücken** (*Sylvia cantillans, S. melanocephala & S. hortensis*). **Smaragdeidechsen** (*Lacerta viridis*) und viele wärmeliebende Schmetterlinge, wie z.B. der **Mittelmeer-Zitronenfalter** (*Gonepteryx cleopatra*) oder der **Kleine Perlmuttfalter** (*Issoria lathonia*) sind weitere Bewohner dieser Zone.

Bild links: Wie aus Karl Mays "Schluchten des Balkans": Die Nestos-Schlucht
Bilder von oben nach unten: Wildes Alpenveilchen, Blick in die Schlucht, Kappenammer

Eingestreut in den Hanglagen sind die submediterran-balkanischen **Balkanhainbuchen,** laubwerfende **Eschen** und wilder **Flieder**. Nach oben hin besteht ein direkter Übergang zu der montanen Waldstufe mit **Buchen** und **Tannen**, da sich auf wenigen hundert Metern Luftlinie vom Fluß schon Gipfel mit bis zu 1.286 m (so z. B. der charakteristische Gamila - das Kamel) anschließen. Ornithologische Besonderheiten sind hier das **Chukarhuhn** (*Alectoris graeca*) und der **Graue Ortolan** (*Emberiza caesia*). Besonderes Interesse verdienen die Felsfluren mit ihrer stark spezialisierten Flora und Fauna. Hier leben einige endemische Pflanzenarten, z.B. die zu einer tropischen Familie gehörende Rosettenpflanze *Haberlea rhodopensis*, für die kein deutscher Name existiert. Im April sind die Hänge und Felsspalten von ihr sowie vom **Kleinblütigen Steinbrech** (*Saxifraga stribrnyi*), dem **Dickblättrigen Jupiterbart** (*Jovibarba heuffelii*) und der langstieligen **Violettblauen Iris** (*Iris reichenbachii*) übersät. Viele Arten zeichnen sich auch durch ihre polsterförmige Wuchsform aus, eine Anpassung an die extremen Lebensbedingungen auf dem Fels.

Die Felsbereiche bieten vielen Vogelarten Brutmöglichkeit. So leben hier noch **Steinadler** (*Aquila chrysaetos*), **Wanderfalke** (*Falco peregrinus*), **Uhu** (*Bubo bubo*), **Felsenkleiber** (*Sitta neumayer*), **Felsenschwalbe** (*Ptyonoprogne rupestris*), **Felsentaube** (*Columba livia*), **Steinrötel** (*Monticola saxatilis*) und **Blaumerle** (*Monticola solitarius*). Vereinzelt sind auch **Gänsegeier** (*Gyps fulvus*), **Schmutzgeier** (*Neophron percnopterus*) und **Schlangenadler** (*Circaetus gallicus*) zu sehen. Die vielen Karsthöhlen werden von einer noch unbekannten Anzahl von Fledermausarten besiedelt. Der innere Teil der Nestosschlucht ist nur durch eine Eisenbahnlinie erschlossen, die teilweise von einem felsigen Fußweg begleitet wird. Sie steht als sogenannter "Ästhetischer Wald" unter Naturschutz. Hier sind alle landschaftverändernden Eingriffe sowie Beweidung und Jagd untersagt.

Die Haberlea rhodopensis wächst nur in der Nestos-Schlucht

Heute gibt es in der Schlucht keine bewohnten Siedlungen mehr; nur wenige Hirten leben abgelegen in den verlassenen Bergdörfern.

Gefahren drohen allerdings von den sich ständig ausweitenden Marmorsteinbrüchen, die meist ohne Genehmigung und ohne Rekultivierung angelegt werden. Auf der Westseite haben sie die Grenzen des Schutzgebietes schon fast erreicht.

Auch die Gefahr von Waldbränden bedroht in jedem Jahr aufs neue die Pflanzen- und Tierwelt. Meist werden sie von Hirten gelegt, die sich nach den Feuern schnellwachsendes Grün erhoffen. Die unkontrollierte Wilderei und der fortgesetzte Weidefrevel sind ernstzunehmende Gefahren für die Nestosschlucht. Weitere Bereiche müssen zusätzlich unter Schutz gestellt werden. Zudem ist eine bessere Überwachung der Auflagen erforderlich.

In den mittleren Lagen der südlichen Rhodopen sind die meisten Dörfer verlassen oder zählen nur noch einen Bruchteil der ehemaligen Bevölkerung. Die kleinparzellierten landwirtschaftlichen Flächen mit ihren reichen Strukturelementen wie Böschungen, Rainen, Trockenmauern und Hecken fallen zunehmend brach.

Bild oben: Das Wiener Nachtpfauenauge ist der größte europäische Schmetterling

Bild unten: Der Scheltopusik ist keine Schlange sondern eine Schleiche

Die Förderung der traditionellen Wirtschaftsformen ist am ehesten geeignet, der heimischen Bevölkerung zu helfen und Möglichkeiten zu schaffen, um ihr in dieser Region die Existenz zu ermöglichen. Dies käme schließlich auch der Natur und Landschaft zugute.

Die Feuchtgebiete

In Ostmazedonien und Thrakien bilden drei große Feuchtgebietskomplexe einen durchgehenden Verbund von Ökosystemen mit einer Länge von mehr als 100 km Küstenlinie:

1. Das Nestos-Delta mit den Lagunen von Keramoti,

2. der Vistonis-See mit dem Gebiet um Porto Lagos und

3. der Mitrikou-See mit den fünf thrakischen Lagunen.

Diese Feuchtgebiete beherbergen nicht nur eine Vielfalt an Tier- und Pflanzenarten, sie sind gleichermaßen auch ein wichtiger Rastplatz für Zugvögel auf ihrem Weg in ihre Winterquartiere in Südeuropa, Afrika und Asien.

Linke Seite oben: Lagunen von Porto Lagos am Vistonis-See

Linke Seite Mitte: Stelzenläufer am Mitrikou-See

Linke Seite unten: Lagunen von Keramoti im Nestos-Delta

Oben: Rosapelikan

Der Feuchtgebietskomplex in Ostmazedonien und Thrakien hat seinen Ursprung in dynamischen geomorphologischen Prozessen von Flußsedimentation und mariner Formung, entstanden in der Zeit seit den letzten Eiszeiten. Insbesondere kurz nach den Eiszeiten, als die Gebirge noch weitgehend vegetationsfrei waren, kam es dort zu besonders hohen Erosionsraten.

Die Flüsse konnten in nur wenigen Jahrtausenden in ihren Mündungsbereichen gewaltige Deltas aufschütten, wobei das Meer mit seinen Strömungen und dem Brandungsschlag die Gestaltung stark mitbestimmte.

Ein augenfälliger Beweis hierfür wurde erst kürzlich bei der Anlage von neuen Bewässerungskanälen erbracht. Nördlich von Hrysoupolis, heute ca. 20 km vom Meer entfernt, förderten Bagger sandige Ablagerungen zutage, die mit Schalen von Herzmuscheln und anderen marinen Muscheln und Schnecken durchsetzt waren. Zersetzungs- oder Versteinerungsprozesse waren an ihnen noch nicht festzustellen. Dies zeigt, daß bis vor (geologisch gesehen) kurzer Zeit die Küste der Ägäis dicht am Rand der südlichsten Rhodopenkette verlaufen ist.

Bei der Entstehung der Deltas (wegen ihrer verzweigten Form werden sie auch Vogelfußdeltas genannt) kommt es durch die fortschreitende Ablagerung von Sedimenten im Bereich des jeweiligen Flußunterlaufes und der Mündung zu einer immerwährenden Verlagerung des Bettes und der Mündung, die sich zunehmend weiter ins Meer vorschiebt.

Unter natürlichen Bedingungen wächst entlang der Flüsse mit ihren Haupt- und Seitenarmen, alten, teilweise trockengefallenen Betten und Inseln auch im Mittelmeerraum ein Auwald, der sich auf den ersten Blick nicht sehr von einem mitteleuropäischen Auwald unterscheidet.

Im Mündungsbereich, wo der Boden zusehends salzhaltiger wird, wachsen auf großen Flächen Tamariskenbüsche. Durch das seeseitige Abscheiden von kleinen Buchten mit Sandbänken (Nehrungen) in Verbindung mit der Meeresströmung entstehen Lagunen, die anfangs mit dem Meer in Verbindung stehen, später aber oft abgeschlossen sind. Häufig tritt ein Verlandungsprozeß ein. Die Lagunen werden zu kleinen Süßwasserseen. Der Mitrikou-See ist ein Beispiel hierfür.

In dieser Kampfzone von Land und Wasser, von Süß- und Seewasser mit allen Übergangsstadien (Brackwasser), gibt es eine unvergleichliche Fülle von verschiedenen Biotopen mit ihren an diese sich verändernden, speziellen Bedingungen angepaßten Lebewesen.

Die Flüsse in diesem Bereich (von Westen nach Osten) sind Nestos, Kosynthos, Kompsatos, Travos (die letzten drei münden heute in den Vistonis-See), Bospos und Filurion am Mitrikou. Diese haben mit ihren Deltas eine dem Gebirge vorgelagerte, durchgehende Ebene von etwa 1.100 km^2 Größe geschaffen. Heute ist nur noch ein kleiner Teil dieser Fläche als natürlicher Feuchtbiotopkomplex erhalten. Aufgrund der großen Bodenfruchtbarkeit wird diese Ebene seit mehreren Tausend Jahren landwirtschaftlich genutzt.

Feuchtgebiete von internationaler Bedeutung

Die außerordentlich große ökologische Bedeutung dieser drei zusammenhängenden Feuchtgebietskomplexe mit ihrem Reichtum an Biotopen, Tier- und Pflanzenarten sowie der großen biologischen Produktivität und Regenerationskraft sind von internationaler Dimension: Griechenland hat 11 Gebiete als "besonders schutzwürdig" im Rahmen der "Ramsar-Konvention zum weltweiten Schutz der Feuchtgebiete" eingestuft und sich verpflichtet, hier besondere Schutzmaßnahmen zu ergreifen. Der Nestos und die östlich anschließenden Zonen zählen dazu.

Es ist von großer Bedeutung, daß dieser Raum, der eine unteilbare ökologische Einheit darstellt, auch von den staatlichen Behörden in seiner Gesamtheit erhalten wird. Die Absicht der griechischen Regierung, ein durchgehendes Schutzgebietskonzept zu entwickeln, das konkrete Maßnahmen einschließlich der Durchführung einer weiträumigen Landesplanung einschließt, ist zu begrüßen. Ein solches Schutzgebiet hätte Anspruch, in die Reihe der "Biosphärenreservate" der UNESCO aufgenommen zu werden.

Abgesehen von den ganzjährig in diesem Raum lebenden Tieren hat dieser Feuchtgebietskomplex in Nordost-Griechenland vom Nestos bis zum Mitrikou wegen seiner besonders günstigen geographischen Lage eine herausragende Bedeutung für den Vogelzug.

Für alle Zugvögel stellt die Überquerung eines Meeres eine besondere Anstrengung und Schwierigkeit dar. Trotzdem ziehen viele Arten (z.B. Wasservogelarten, Wat- oder Singvögel) über das Mittelmeer. Jeweils vor oder direkt nach einem solchen Flug über das Meer müssen die Zugvögel in geeigneten Feuchtgebieten rasten, um Nahrung aufzunehmen und sich so Energiereserven für den Weiterflug anzufressen. Ohne diese "Trittsteine" können unsere Zugvögel ihre mitteleuropäischen und arktischen Brutplätze oder afrikanischen Überwinterungsplätze nicht erreichen.

In der Meeresbucht von Porto Lagos rasten im Frühjahr und Herbst täglich tausende Wat- und Wasservögel. Und selbst für viele Großvögel wie Greifvögel, Störche und Reiher, die es im allgemeinen vermeiden, über das Meer zu fliegen, hat der Bereich Nestos - Mitrikou eine große Bedeutung als Rast- oder Überwinterungsgebiet.

Rosapelikane

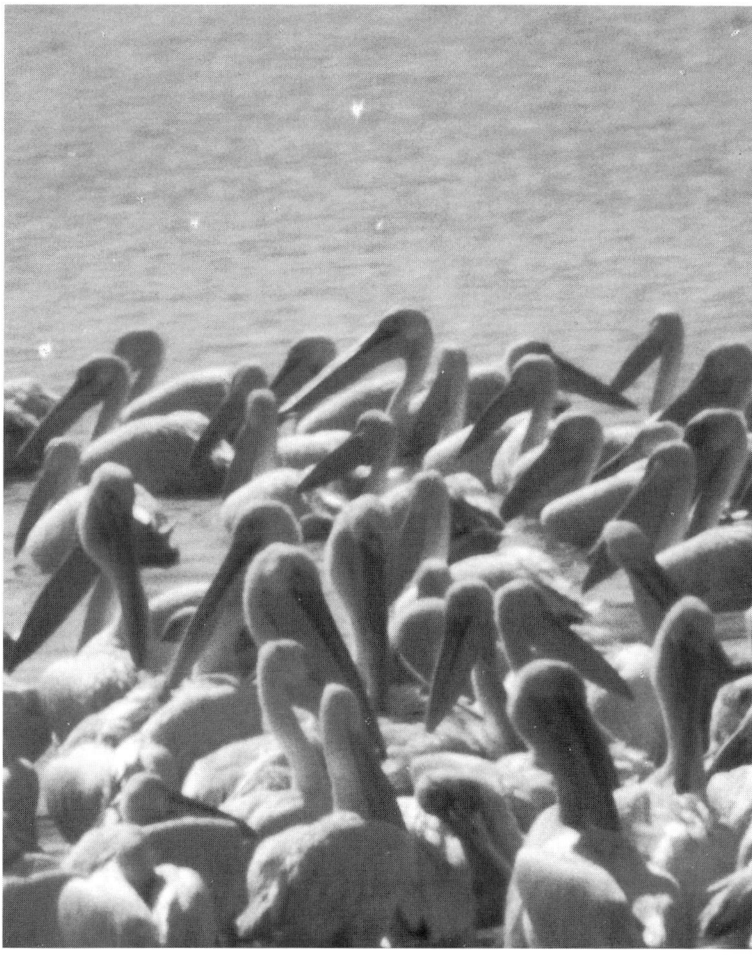

Naturraum Nordost-Griechenland

Wasserangebot - Klima - Böden

Wasser ist im Mittelmeerraum, insbesondere im Sommer, ein begrenzender Faktor. Das Leben hängt von der Verfügbarkeit des Wassers ab. Pflanzen sowie Tiere versuchen, durch vielseitige Anpassungen an den zeitweiligen Wassermangel zurechtzukommen.

Schnecken überdauern den Sommer in einer Trockenstarre, Schildkröten sind vorwiegend in den Morgenstunden aktiv, wenn die grünen Pflanzen noch taunaß sind. Viele Pflanzen schützen ihre Blätter durch Wachsschichten, Behaarung oder Ledrigkeit vor übermäßiger Verdunstung.

In den Flußdeltas in Nordost-Griechenland ist gegenüber diesen mediter-

ranen Bedingungen auch im Sommer ungewöhnlich viel Süßwasser vorhanden, da das Einzugsgebiet der Flüsse in den regenreichen und lange verschneiten Gebirgsregionen der Rhodopen liegt. Im Delta wird es über die verschiedenen Seitenarme verteilt. Da der Grundwasserspiegel sehr nahe unter der Oberfläche liegt, profitiert hiervon eine reiche Vegetation mit vielen laubwerfenden, schnellwüchsigen Arten.

Das Klima im Nestos-Delta ist im Sommer, von vereinzelten Gewittern abgesehen, recht trocken. Im Extremfall kann es zu dreimonatigen Dürreperioden kommen. Der Wind weht meist aus südlichen Richtungen vom Meer her. Im Winter herrschen vorwiegend nordöstliche, oft sehr starke und kalte Winde (Meltemia) aus den asiatischen Tiefebenen vor.

Die meisten Niederschläge fallen im Winter und Frühling, im langjährigen Mittel ca. 600 bis 700 mm. Die Temperaturen steigen im Sommer oft bis über 40 Grad Celsius. Fröste treten in jedem Winter an mindestens 25 Tagen auf.

Bild linke Seite: Sandinseln, Süßwasserzonen, Uferabbrüche und viele andere Landschaftselemente bedingen im Bereich der Nestos-Mündung eine hohe floristische und faunistische Vielfalt

Bilder von oben nach unten: Seidenreiher; Queller und andere Pflanzen am Lagunenrand sowie Brauner Sichler

Regelmäßig werden Temperaturen von unter Minus 20 Grad Celsius gemessen. Selbst Brackwasserlagunen frieren durch, was zum Sterben der in ihnen lebenden Fische führt. Zusammenfassend kann das Klima als recht kontinental bezeichnet werden.

Nach Ansicht der älteren Bewohner des Nestos-Deltas hat sich das Klima seit dem Zweiten Weltkrieg merklich verändert. Die für die Landwirtschaft so wichtigen Sommergewitter bleiben heute oft aus. Dies scheint hauptsächlich mit der radikalen Rodung der ausgedehnten Auwälder - des Kotza Orman - zusammenzuhängen. Nur die künstliche Bewässerung garantiert heute noch die Ernte.

Die Böden im Delta sind meist lockere, wasserdurchlässige, alluviale Schwemmlandböden. Sie entstanden durch die Umlagerung und Anspülung von Erdmaterial, das nach den Eiszeiten durch Erosion oder durch die mit Kahlschlägen und nachfolgender Erosion verbundenen Waldnutzung aus den Bergen herangeschwemmt wurde. Im oberen Deltabereich finden sich im Flußbett Kieselschotter, weiter flußabwärts sind es nur noch sandige oder lehmige Aueböden.

In Küstennähe gibt es in ehemaligen Lagunen oder Seen feine Schlickböden, die man "Gyttja" nennt, oder, wenn sie stark salzhaltig sind, "Mudd". An den Berghängen, speziell um die sieben kleinen Seen bei Hrysoupolis, sind typische mediterrane Roterden (Terra rossa und Terra fusca) zu finden.

Klimadiagramm Kavala

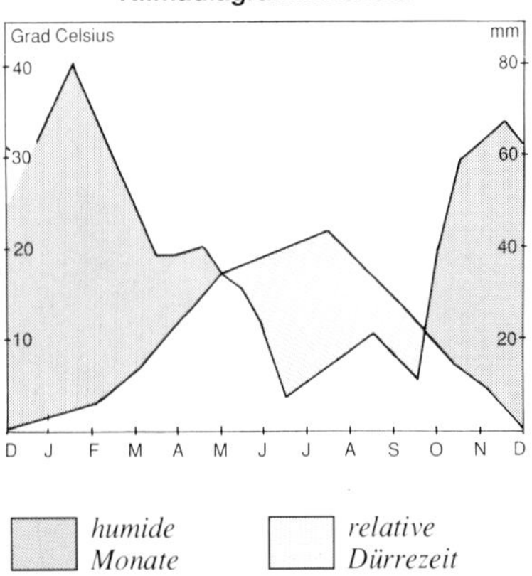

Durchschnittstemperatur 10,8 ° Celsius
Durchschnittsniederschläge 642 mm

Steckbrief einer einzigartigen Landschaft

Das Nestos-Delta ist der westlichste Teil des Feuchtgebietskomplexes in Nordost-Griechenland. Es hat eine Gesamtfläche von ungefähr 550 km^2, wobei der Flußlauf etwa 30 km lang ist. Insgesamt bestehen noch schätzungsweise 80 km^2 natürlicher oder naturnaher Biotope. Dieser besonders schutzwürdige Teil des Deltas hat die Form eines riesigen Ankers: In der Mitte liegt der Flußlauf, die Ankerschenkel bildet der fast 50 km lange Küstenstreifen von Nea Karvali im Nordwesten über Keramoti im Süden bis Avdira im Osten.

Heutzutage ist der Fluß durch zwei Hochwasserdämme in ein ca. 1 km breites, durchgehendes Bett eingefaßt. In dieser schmalen Zone bestehen noch viele Seitenarme, Sandbänke, Altarme und Inseln.

Der hier heute noch existierende Auwald ist der größte in ganz Griechenland. Durch die Dämme wurden die vielen Seitenarme, die früher über das ganze Delta fächerartig verteilt ins Meer mündeten, vom Hauptstrom abgeschnitten. Erst durch die netzartig das Delta überspannenden Be- und Entwässerungskanäle wird sekundär wieder Fluß-

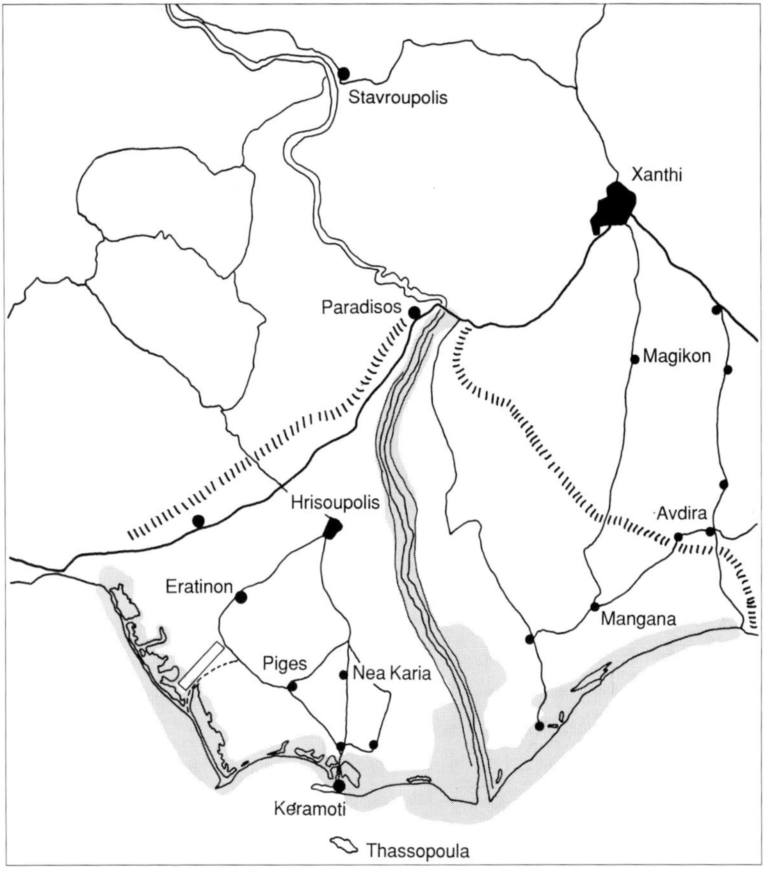

Naturnahe Bereiche und geplante Schutzzonen im Nestos-Delta

wasser auf die Fläche zur Bewässerung der Mais- und Bohnenkulturen verteilt. Allerdings bleibt nun häufig im Sommer das Hauptbett völlig leer, da der Wasserbedarf für die expansive Landwirtschaft ständig steigt.

Kein anderes Feuchtgebiet in Nordgriechenland hat einen so langen und ungestörten Küstenbereich mit weiten Dünen und sieben großen, landwärts gelegenen Lagunen mit einer Gesamtwasserfläche von 1.750 ha. Diese sind mit den sie umgebenden Salzmarschen ökologisch vernetzt.

Die felsige Insel Thassopoula auf dem halben Seeweg nach Thassos wird zur ökologischen Einheit des Deltas dazugerechnet, da die hier bestehenden Brutvogelkolonien von den Feuchtgebieten profitieren.

Lebensräume im Delta

Die Auen, Flußlandschaft am Nestos

Lianen wachsen an den Baumriesen empor. Wie grüne Spinnweben wuchern sie von den Erlen und Silberpappeln bis in die Kronen, ein undurchdringliches Gewirr von Blättern und Stacheln. Hier lebt der **Schreiadler** (*Aquila pomarina*). Meist zu Fuß auf den Lichtungen des Auwaldes jagt er nach Fröschen und Eidechsen. Aus der Luft könnte er seine Beute durch das dichte Blätterdach kaum erspähen. Die Flußauen am

Nestos sind heute weitgehend auf das durch Hochwasserschutzdämme eingefaßte Bett von durchschnittlich einem Kilometer Breite begrenzt. In diesem Bereich von mehr als 30 km^2 Fläche ist der Fluß weitgehend sich selbst überlassen. Es gibt keine Verbauungen, Brükken oder Stauwehre.

Bild linke Seite: Blick in den Auwald mit Nestos-Altarm

Bild oben: Smaragdeidechsenmännchen im Balzkleid

Bild Mitte: Osterluzeifalter

Bild unten: Eine seltene Vogelart ist der im Auwald brütende Maskenwürger

Maurische Landschildkröten bei der Paarung

Je nach Wasserstand ragt eine stark variierende Zahl von Inseln aus dem Fluß, die nach Alter, Lage, Material und Höhe einen sehr unterschiedlichen Bewuchs aufweisen. Hier findet man von vegetationsfreien Sand- und Kiesbänken bis zum geschlossenen Auwald alle Übergangsstufen.

In einem ständigen Werden und Vergehen, geformt von der Dynamik des fließenden Wassers, hat sich eine faszinierende Vielfalt unterschiedlicher Lebensgemeinschaften gebildet. Die natürliche Abfolge (Sukzession) des Bewuchses beginnt mit den sogenannten Pionierpflanzen, das sind Arten, die mit ihrem verzweigten Wurzelwerk den Boden befestigen und deren Überlebensstrategie es ihnen erlaubt, auch längere Überflutungen zu ertragen. Beispiele hierfür sind der Knöterich, einige Gräser und auch die Weiden. Gelingt es diesen Pionieren, den Fluten standzuhalten, ermöglichen sie auch anderen Arten die Besiedelung. So entsteht allmählich als natürliche Endstufe der Vegetation, der sogenannten Klimaxvegetation, wieder ein geschlossener Auwald.

Der im Flußbett wachsende Auwald, die eigentliche Aue, wird als Weichholzauwald bezeichnet, da die vorkommenden Baumarten aufgrund ihrer Schnellwüchsigkeit nur weiches Holz bilden, z. B. **Silber**-, **Purpur**- und **Mandelweide**

(*Salix alba*, *S. purpurea* und *S. triandra*), **Silber**- und **Schwarzpappel** (*Populus alba & P. nigra*), **Schwarzerle** (*Alnus glutinosa*) und vereinzelt auch die **Platane** (*Platanus orientalis*). Vor allem im Frühjahr ist dieser Auwald regelmäßig Überschwemmungen ausgesetzt, deren Höhe man noch im Sommer an den Schlickmarken an den Bäumen erkennen kann. Überschwemmungen sind eine ökologische Notwendigkeit, da die durch sie in den Auwald eingetragene Schlickschicht viele notwendige Nährstoffe und Mineralien für das rasche Wachstum dieser Waldformation enthält.

Im Unterwuchs gedeihen viele krautige Sumpfpflanzen: **Scharbockskraut** (*Ficaria verna*), **Gelbe Iris** (*Iris pseudacorus*), **Igelkolben** (*Sparganium erectum*), **Schachtelhalme** und **Binsen**. Die Gebüschschicht wird vorwiegend aus Jungwuchs der Baumarten aufgebaut, für andere Sträucher ist es hier zu feucht und überflutungsgefährdet.

Eine Besonderheit des Auwaldes ist der Reichtum an **Lianen**, die wie ein grüner Blättervorhang die "Etagen" verbinden und mit ihren armdicken Ranken dem Auwald einen urwaldähnlichen Charakter verleihen. Mindestens zwölf verschiedene Lianen konnten bisher festgestellt werden. Die wichtigsten sind: **Wilder Hopfen** (*Humulus lupulus*), **Wilder Wein** (*Vitis vinifera silvestris*) und die **Waldrebe** (*Clematis vitalba*). Einige dieser Lianen sind mit kräftigen Dornen bewehrt, so z.B. die **Schmerwurz** (*Tamus communis*), die **Stechwinde** (*Smilax excelsa*) und die **Brombeere** (*Rubus spec.*). Sie machen das Durchdringen des Waldes, besonders der Randbereiche, fast unmöglich.

An einigen höher gelegenen sandigen Stellen auf Inseln oder im Auwald, die nur selten überschwemmt werden und für die Bäume zu trocken sind, haben sich wärmeliebende und an die Trockenheit angepaßte Arten angesiedelt. Sie wurden aus weiter flußaufwärts gelegenen Bereichen als Samen oder ganze Pflanzen eingeschleppt. Hier findet man typisch mediterrane **Cistrosen**, viele verschiedene Orchideen, **Tausendgüldenkraut** (*Centaurium spec.*) und selbst Felspflanzen. Sehr ähnlich in ihrer Na-

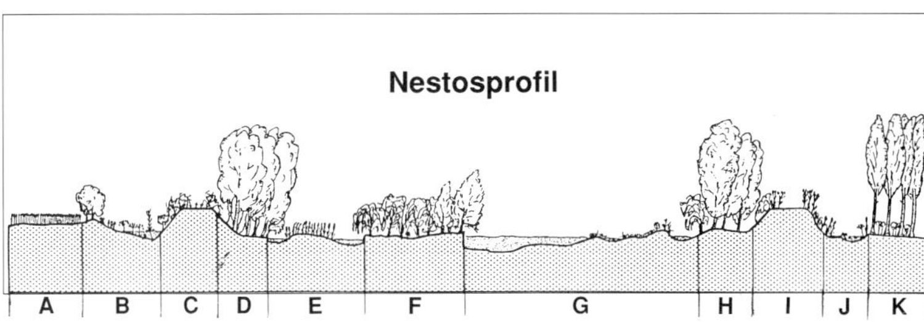

A	*Kulturland*	*E*	*Seitenarm*	*I*	*Damm*
B	*Feuchtbereich*	*F*	*Insel*	*J*	*Graben*
C	*Damm*	*G*	*Flußlauf mit Insel*	*K*	*Wirtschaftswald*
D	*Auwald*	*H*	*Wirtschaftswald*		

turausstattung sind auch die "Trockenbetten" - ehemalige Arme des Nestos, die im Zuge der Eindeichung vom Wasserregime abgeschnitten wurden.

Die Altarme sind wichtige Lebensräume, die die meiste Zeit des Jahres von der Hauptrinne getrennt sind. Diese stehenden, mit **Schilf** (*Phragmites spec.*) und **Rohrkolben** (*Typha spec.*) bewachsenen Gewässer sind ein Paradies für viele Wasserpflanzen und Tiere.

Die mit Abstand häufigsten Vogelarten im Weichholzauwald sind **Nachtigall** (*Luscinia megarhynchos*) und **Blaßspötter** (*Hippolais pallida*). Aber auch **Pirol** (*Oriolus oriolus*), **Beutelmeise** (*Remiz pendulinus*), **Mönchsgrasmücke** (*Sylvia atricapilla*), **Buch-**

Bild oben: Sonnenbadende Sumpfschildkröten im Nestos-Altarm

Bild Mitte: Lianen wachsen an einem alten Baum im Auwald

Bild unten: Europäische Sumpfschildkröte

Bild rechts: Bienenfresser

fink (*Fringilla coelebs*) sowie **Blut**- und **Kleinspecht** (*Dendrocopus syriacus* & *D. minor*) kommen vor. In den offenen Bereichen jagen **Schreiadler** (*Aquila pomarina*) und **Kurzfangsperber** (*Accipiter brevipes*), während auf den kaum bewachsenen Inseln im Fluß die **Flußseeschwalbe** (*Sterna hirundo*), **Austernfischer** (*Haematopus ostralegus*) und **Triel** (*Burhinus oedicnemus*) brüten. Im Winter halten sich vorwiegend in den letzten Kilometern vor der Mündung Tausende Enten und Gänse auf. Sie finden hier Nahrung und, zumindest theoretisch, Schutz vor der Jagd. Der **Springfrosch** (*Rana dalmatina*) besiedelt den Auwald ebenso wie der **Laubfrosch** (*Hyla arborea*). **Seefrosch** (*Rana ridibunda*), **Wasserschildkröten** und **Würfelnatter** (*Natrix tesselata*) bevorzugen die Tümpel, der **Fischotter** (*Lutra lutra*) den Flußlauf. An Prallhängen, wo die Strömung steile Böschungen geschaffen hat, haben **Eisvogel** (*Alcedo atthis*) und **Uferschwalben** (*Riparia riparia*) ihre Brutröhren gegraben. Das Vorkommen von **Flußmuscheln** und **Prachtlibellen** (*Calopteryx spec.*) deutet auf relativ sauberes Wasser hin. Häufigste Schmetterlinge sind der **Trauermantel** (*Nymphalis antiopa*) und zwei verschiedene **Osterluzeifalter** (*Zerynthia polyxena* & *Allancastria cerisyi*).

Auf den höher gelegenen Flußterrassen und Ufern wachsen unter natürlichen Umständen die Hartholzauwälder. Der größte Teil des berühmten Kotza-Orman-Waldes bestand aus diesem Waldtyp. Leider ist, wie schon einleitend erwähnt, fast die gesamte Fläche der Rodung zum Opfer gefallen und wurde entweder zu landwirtschaftlichen Nutzflächen oder zu forstlichen Intensivkulturen umgewandelt. Nur die beiden eingezäunten, streng geschützten Waldparzellen in Mündungsnähe und saumartige Bestände entlang der Dämme vermitteln noch einen Eindruck des ehemaligen Urwaldes. Zehn erwachsene Männer konnten die gewaltigen Eichenstämme gerade umfassen, wird berichtet, und das Holz der Ulmen und Eschen war in ganz Mazedonien für die Möbelherstellung begehrt. Die ursprünglichen Baumarten sind noch verbreitet anzutreffen: eine auf Südosteuropa begrenzte **Eiche** (*Quercus pedunculiflora*), eine **Esche** (*Fraxinus parvifolia*) und die **Ulme** (*Ulmus minor*). Für die Säume sind **Maulbeerbaum** (*Morus alba*) und wilde **Feige** (*Ficus carica*) charakteristisch, in der Strauchschicht wachsen **Weißdorn** (*Crataegus monogyna*) und **Hartriegel** (*Cornus sanguinea*). Der Unterwuchs wird von **Scharbockskraut**, verschiedenen **Aronstabgewächsen** (*Dracunculus vulgaris* & *Arum italicum*), **Beinwell** (*Symphytum bulbosum*), **Zwergholunder** (*Sambucus ebulus*), **Osterluzei** (*Aristolochia spec.*) und vielen anderen gebildet. Im Hartholzauwald sind die Lianen noch häufiger und undurchdringlicher. Zu den schon oben erwähnten Arten kommen hier noch der **Efeu** (*Hedera helix*), **Zaunwinde** (*Calystegia silvatica*), der **Bittersüße Nachtschatten** (*Solanum dulcamara*) und einige andere hinzu. *Periploca graeca* heißt eine verbreitete, sehr hübsch blühende Kletterpflanze, deren wissenschaftlicher Name schon auf ihre Herkunft hinweist. Dort wo dieser Auwald von Altarmen durchzogen ist, findet man wieder eingestreut die Arten des Weichholzauwaldes, Weiden, Silberpappeln und Erlen.

Die Vogelwelt ist hier noch artenreicher. Die trockenen Säume, Waldlichtungen und Wegränder mit vielen Gebüschen bieten besonders den **Würgern** (*Lanius spec.*), **Grasmücken** und dem **Wildfasan** (*Phasianus colchicus colchicus*) geeigneten Lebensraum.

Die im Auwald vorkommende Wendelorchis blüht im August

Schreiadler (*Aquila pomarina*), **Habicht** (*Accipiter gentilis*), **Mäusebussard** (*Buteo buteo*) und **Kurzfangsperber** (*Accipiter brevipes*) brüten in den undurchdringlichen Bereichen. Der **Seeadler** (*Haliaeetus albicilla*) ist hier heute leider ausgestorben. **Smaragdeidechse** (*Lacerta viridis*) und **Scheltopusik** (*Ophisaurus apodus*) sind zusammen mit den Schildkröten die häufigsten Reptilien. Für die große Gruppe der Insekten sind nur stellvertretend der Perlmuttfalter, die Großlibellen und die Gottesanbeterin genannt.

Je weiter man an die Mündung des Nestos vorstößt, um so niedriger werden die Auwälder, bis sie zunehmend von gebüschförmiger Vegetation ersetzt werden - den Tamarisken. Hier ist der Boden zu salzhaltig für die nur Süßwasser gewohnten Auwaldpflanzen. Nur wenige mischen sich in einer Übergangszone mit den im April weißrosa bis rot blühenden Tamarisken.

Einige Weiden, die Ulme und die Kletterpflanze *Periploca graeca* sind hier typisch. Eingestreut erkennt man noch die meist quer zum Flußbett verlaufenden früheren Küstendünen, mit ihrer typischen Sandflora. An Stellen, an denen ehemals Lagunen bestanden, wachsen noch heute salztolerante Pflanzen wie die **Strandbinse** (*Juncus maritimus*), **Queller** (*Salicornia europaea*) und die im Herbst gelb-violett blühende **Salzaster** (*Aster tripolium*). Der gesamte Mündungsbereich ist ein unzugängliches, ökologisch äußerst interessantes Mosaik verschiedener Biotope, eine Kampfzone zwischen Land und Wasser, Fluß und Meer.

Auf den südlichsten, unbewaldeten Flußinseln kommen zusätzlich zu den oben erwähnten Vogelarten noch der **Spornkiebitz** (Hoplopterus spinosus), **Zwergseeschwalbe** (*Sterna albifrons*) und **Seeregenpfeifer** (*Charadrius alexandrinus*) dazu. Der **Schakal** (*Canis aureus*) und der **Feldhase** (*Lepus europaeus*) sind noch etwas häufiger als im übrigen Gebiet.

Faßt man die Naturschutzproblematik der Auwälder zusammen, so ist zuallererst der Verlust an natürlichen Biotopen zu beklagen. Auch heute noch werden vor allem im Mündungsbereich neue Felder ohne Genehmigung angelegt. Eine Kontrolle findet nicht statt. Die Landwirtschaft innerhalb der Hochwasserdämme verstößt gegen die griechische Verfassung, wird aber stillschweigend geduldet.

Die Forstwirschaft mit ihren etwa 2.100 ha Pappel-Monokulturen verursacht durch die intensive Bodenbearbeitung und den Einsatz von Insektiziden weitere Belastungen. Da es wegen der expansiven Landwirtschaft im ganzen Delta kaum noch Weideland gibt, weiden viele Schaf-, Ziegen- und Kuhherden in den Auwaldresten. Dies führt zu enormen Störungen, Trittbelastungen und Vegetationsschäden. Vor allem aber hat der für den Mitteleuropäer kaum vorstellbare allgegenwärtige Holzfrevel riesige Löcher in den Auwald gefressen.

Trotz der Schnellwüchsigkeit und der großen Regenerationskraft kann der Auwald diesen Belastungen kaum noch widerstehen. Es ist dringend erforderlich, zu einer naturverträglichen Nutzung des Deltas überzugehen. Zwischen den Dämmen müssen die Felder beseitigt und neue naturnahe Wälder angelegt werden. Die Beweidung ist einzuschränken und die Pappelmonokulturen sind durch bodenständigen Auwald zu ersetzen. Zwar ist die Jagd verboten, aber die Wilddieberei floriert. Schärfere Kontrollen sind deshalb unumgänglich.

Die Dünen, ein sandiger Lebensraum

Der fast 50 km lange Küstenstreifen im Nestos-Delta wird ausschließlich aus Sanddünen gebildet. Ihre Breite variiert zwischen zehn Metern und mehr als 1,5 km. Da in dieser Region des Mittelmeeres die starke Brandung fehlt und die Gezeiten einen Tidenhub von nur 20 bis 30 cm aufweisen und außerdem der dafür notwendige Sand fehlt, sind die Dünen nicht so hoch und weitläufig wie z. B. an der französischen Atlantikküste oder an der Nordsee. Andererseits besteht hier am Nestos doch das ausgedehnteste und ungestörteste Sanddünengebiet in Nordgriechenland - weitgehend natürlich, ohne Verbauungen und große Küstenhotels. Ökologisch gesehen stellt der Lebensraum Düne ganz

besondere Anforderungen an seine Bewohner - Pflanzen wie Tiere: Purer Quarzsand ohne bodenbildende Mineralien und Humusanteile, der zerstörerischen und gleichzeitig formgebenden Kraft der Brandung ausgesetzt, ermöglicht nur Spezialisten das Überleben.

Die Dünen leben

Von der Wassergrenze aus landwärts, in deutlichen Zonen gegliedert, findet man folgende Klein-Lebensräume:

Zuerst den sogenannten "Spülsaum": Hier, nahe der Brandungszone, werden allerlei organische Materialien angeschwemmt: Holz, kleine tote Meerestiere und viel pflanzliches Material. Dieses Strandgut ist Nährboden für die ersten Pionier-Pflanzen.

Bild linke Seite: Ein noch intakter Dünenbereich

Bilder von oben nach unten: Strandnarzisse, Seeregenpfeifer und die farbenprächtige Vierstreifennatter besiedeln vor allem die Dünen

Nur wenige anspruchslose, sehr salztolerante Arten wie der **Meersenf** (*Cakile maritima*), die **Strandmelde** (*Atriplex tatarica*) und das **Kalisalzkraut** (*Salsola kali*) wachsen hier in geringer Zahl. Aber auch einige hoch spezialisierte **Laufkäfer, Sandkrabben** und winzig kleine **Strandflöhe** leben im Sand und ernähren sich von dem angespülten organischen Material. **Seeregenpfeifer** (Charadrius alexandrinus), **Zwergseeschwalbe** (Sterna albifrons) und **Austernfischer** (*Haematopus ostralegus*) brüten hier. Durchziehende Watvögel, insbesondere **Strandläufer**, suchen nach Nahrung. Der Spülsaum ist "angereichert" mit den Schalen einer hier am Nestos besonders artenreichen Weichtierfauna, die im "Litoral" leben, der flachen, küstennahen Unterwasserzone.

Links: Seidenreiher

Unten: Schematisierte Darstellung einer typischen Dünenlandschaft

Nach einer meist vegetationsfreien Zone, der Vordüne, schließt sich landeinwärts, vorwiegend um den höchsten Punkt der Düne, die sogenannte Weißdüne an. Hier ist die Bodenbedeckung noch weitgehend offen. Die Oberflächengestalt verändert sich ständig durch Wind und Brandung. Nur hier und da gibt es Horste und Bülten bestimmter Pflanzenarten. Typisch für diese Zone sind die großen Bestände an **Strandhafer** (*Ammophila arenaria*) und **Strandquecke** (*Agropyron junceum*). Die blaublütige **Stranddistel** (*Eryngium maritimum*) und der filzig behaarte gelbe **Strand-Schneckenklee** (*Medicago marina*) wachsen dicht am Boden. Die hübsche **Strandwinde** (*Calystegia soldanella*) verbreitet sich durch lange Stengel und bildet an einigen Stellen der Dünen im Delta flächendeckende Bestände. Weitere charakteristische Pflanzen der Weißdünen sind der gelbe **Strandmohn** (*Glaucium flavum*), die **Strandlevkoje** (*Matthiola tricuspidata*) und die **Strandwolfsmilch** (*Euphorbia paralias*). In dieser Zone findet man auch häufig merkwürdige doppelte

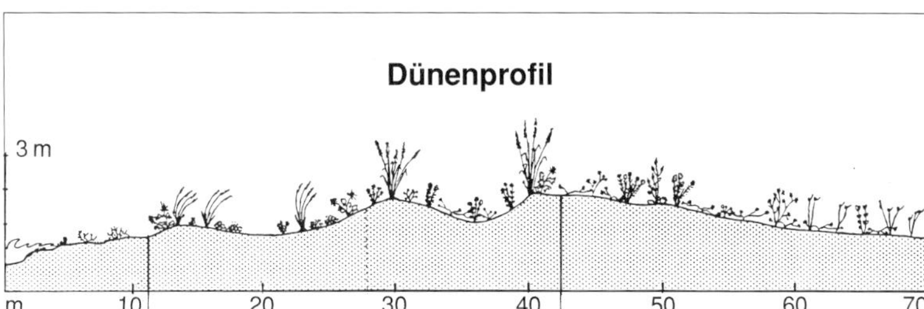

A Spülsaum

B Weißdüne

C Graudüne

Spuren mit Längslinien und regelmäßigen Vertiefungen im Sand. Sie stammen von den umherstapfenden Landschildkröten. Der "unsichtbare" **Triel** (*Burhinus oedicnemus*) und der aufmerksame **Spornkiebitz** (*Hoplopterus spinosus*) brüten hier vereinzelt.

An die Weißdüne schließt sich landeinwärts die Graudüne an. Hier ist die Vegetationsdecke schon viel geschlossener, die Bodenbedeckung erreicht bis zu 50 %. Die Pflanzen haben bereits teilweise eine Humusschicht entstehen lassen.

Die Oberflächengestalt der Dünen verändert sich nur noch ganz langsam. Für die Dünen des Nestos-Deltas wurde eine spezielle, nur hier vorkommende Pflanzengesellschaft beschrieben. In ihr

Bild oben: Krabbe am Spülsaum

Bild Mitte: Säbelschnäbler

Bild unten: Strandwinde

Bild rechts: Winterstimmung

Noch brüten Flamingos nicht im Feuchtgebietskomplex Nordost-Griechenlands. Doch bis zu 3.000 überwintern in den Lagunen, im Sommer sind es meist zwischen 500 und 800 Tiere. Ornithologen rechnen in den kommenden Jahren mit einer Ansiedlung

sind folgende Pflanzenarten als Charakterarten verzeichnet: das **Meerträuble** (*Ephedra distachya*) - ein den Nadelbäumen nahestehender Zwergstrauch, der gelb blüht und im Herbst kleine, rote Früchte hat, und zwei den Nelkengewächsen angehörende **Strand-Leimkräuter** (*Silene dichotoma* & *S. conica*). Das lilablau blühende **Heldreich-Sandköpfchen** (*Jasione heldreichii*) und das **Olympische Johanniskraut** (*Hypericum olympicum*) sind weitere auffallende Pflanzen dieser Zone.
Eine Besonderheit ist die **Strandnarzisse** (*Pancratium maritimum*), die es sich auf Grund der gespeicherten Reserven in ihrer großen Zwiebel leisten kann, selbst in der Trockenheit des Sommers, im Juli und August, mit großen, weißen Blüten zu blühen.
Die **Taurische Mauereidechse** (*Podarcis taurica*), die **Syrische Schaufelkröte** (*Pelobates syriacus*), die **Vierstreifennatter** (*Elaphe quatuorlineata*) und der **Triel** (*Burhinus oedicnemus*) bevorzugen diesen Lebensraum. Der **Ziegenmelker** (*Caprimulgus europaeus*) fliegt nur nachts umher. Er ist leicht an seinem eigenartig schnurrend-schnarchenden Gesang zu erkennen.

An einigen Stellen, insbesondere nahe der Nestosmündung, gibt es landeinwärts liegende, bereits stark zugewachsene Binnendünen. Im Laufe der Jahrhunderte hat sich die Mündung immer weiter ins Meer vorgeschoben, neue Dünenstreifen sind entstanden. Die Vegetation der Binnendünen erinnert an die der Graudünen, allerdings ist der Artenreichtum größer.

Dünen sind von Natur aus sehr dynamische Lebensräume, deren Form sich oft verändert. An einigen Küstenabschnitten passiert aber auch genau der umgekehrte Prozeß. Ehemals breite, gut zonierte Dünen werden vom Meer weggespült, eine "Transgression" (Vordringen des Meeres) findet statt. Hier stehen dann mitunter Tamarisken oder Binsen mitten in der Brandungszone.

Die Naturschutzproblematik der Dünen ist vielschichtig: An erster Stelle der Bedrohungen steht ihre direkte Zerstörung durch die Verbauung mit Ferienhäusern, Campingplätzen und Straßen. Hinzu kommen die Störungen durch Betreten und die Ablagerung von Müll. Von sehr negativen Erscheinungen begleitet waren die rücksichtslos durchgeführten Entwicklungsmaßnahmen der Lagunenfischerei. Wegebau und großflächiges Ablagern von Aushubmaterial aus den Lagunen hat an vielen Stellen die Dünenbiotope negativ verändert. Besonders empfindlich reagiert dieses Ökosystem auch auf den künstlichen Eintrag von Nährstoffen durch Beweidung. Da es durch die Anlage von Mais- und Sojaäcker im Delta kaum noch Weideland für Ziegen und Schafe gibt, kommen diese bis auf die Dünen. Tritt- und Fraßschäden an der empfindlichen Vegetation sind die Folge. Die Exkremente führen zu einer Düngung dieses natürlicherweise extrem nährstoffarmen Lebensraumes. So ändern sich die Bodenverhältnisse, zudem werden mit dem Kot standortfremde Pflanzenarten eingeschleppt.

Im Rahmen einer weiträumigen Planung sind Regelungen der Dünennutzung und deren Schutz festzulegen. Durch eine gezielte Lenkung von Touristen und Erholungssuchenden könnte der Badebetrieb auf unproblematische Abschnitte begrenzt und empfindliche Bereiche geschont werden.

Die Lagunen, Kampfzone zwischen Land und Meer

Auf weiten Strecken des Küstenabschnittes schließen sich landwärts an den Dünengürtel die Lagunen an. Die sieben größten umfassen eine Wasserfläche von ca. 1.750 ha. Sie sind von weitläufigen Salzmarschen umgeben. Von Nordwest nach Südost heißen sie: Vassova, Eratinon, Agiasma (= Goumbournou), Keramoti (2), Jefiraki und Mangana.

Lagunen sind durch vorgelagerte Sandbänke (später Dünen) ausgegliederte Meeresbuchten, die am Anfang ihrer Entstehung in offener Verbindung mit dem Meer stehen. Meeresströmungen, Jahreszeiten, Gezeiten und Wind beeinflussen den Austausch des Wassers und bestimmen über die Wasserstände die Ausdehnung und Ufergestalt der Wasserflächen in den Lagunen. Dieser ständige Austausch prägt hier das Leben: Fische wandern ein, und Algen werden hereingespült. Von entscheidender Bedeutung für viele Tiere und Pflanzen sind die sich ständig verändernden Salzkonzentrationen. Hier leben Fischarten, denen dieser Übergangsbereich und die extremen Wassertemperaturen

im Sommer nichts anhaben. Dies betrifft insbesondere die **Meeräschen** (*Mugil*), die heute zusammen mit dem **Aal** die wirtschaftlich wichtigsten Arten der Lagunenfischerei sind. Die ungeheure Masse der Algen im Wasser, z.B. **Meersalat** (*Ulva lactuca*), zeigt die große biologische Produktivität der Lagunen. Zehntausende von kleinen **Turmschnecken** (*Bittium reticulatum & Cerithium vulgatum*) und **Herzmuscheln** leben auf einem Quadratmeter. Auch **Schlickwürmer** kommen vor. Sie ähneln denen im Wattenmeer der Nordsee.

Überflutungshäufigkeit, Bodenzusammensetzung und Nährstoffe bestimmen den Bewuchs in den an die Wasserflächen angrenzenden Salzmarschen. Hier können unter stark wechselnden Umweltbedingungen nur extreme Spezialisten überleben, z. B. dickblättrige (sukkulente) Salzpflanzen, die in der Lage sind, das überschüssige Salz wieder aus ihren Zellen auszuscheiden. Nur an Stellen mit starker Bodenverdichtung oder Wellenschlag steht nackter Boden an, der im Sommer oft völlig austrocknet und dann fleckig aufreißt.

Linke Seite: Salzmarsch bei den Lagunen von Keramoti, im Hintergrund Thassos

Bild oben: Ausgetrockneter Boden an den Lagunen

Bild Mitte: Der Queller ist eine charakteristische Salzpflanze der Lagunen

Bild unten: Brachschwalbe

Fliegender Spornkiebitz

Der **Queller** (*Salicornia europaea*) ist eine einjährige, typische Salzpflanze, die in der am häufigsten überschwemmten Zone wächst. Er wird im Herbst leuchtend rot. Landeinwärts folgen auf den nur wenig höher gelegenen Flächen die Pflanzengesellschaften der **Portulak-Salzmelde** (*Halimione portulacoides*) und mehrere Arten aus der Gattung der **Gänsefußgewächse** (*Arthrocnemum*). Eingestreut ist der zierliche lilaweiße **Strandflieder** (*Limonium spec.* - 3 Arten).

Den Herbstaspekt bestimmt wieder die hübsche **Salzaster**. An den Lagunenrändern in den Salzmarschen brüten **Spornkiebitz**, **Rotschenkel** (*Tringa totanus*), **Säbelschnäbler** (*Recurvirostra avosetta*) und **Stelzenläufer** (*Himantopus himantopus*).

Von großer Bedeutung für die Vogelwelt sind die kleinen Inseln, auf denen Kolonien der zierlichen **Zwerg-** und **Flußseeschwalben** (*Sterna albifrons* & *S. hirundo*) nisten. **Brandgans** (*Tadorna tadorna*), **Brachschwalbe** (*Glareola pratincola*) und **Lachseeschwalbe** (*Gelochelidon nilotica*) sind sehr selten geworden im Nestos-Delta. An vielen Stellen turnen die hübsche **Maskenstelze** (*Motacilla flava feldegg*), eine südosteuropäische Unterart der **Schafstelze**, sowie die unauffällige, kleine **Kurzzehenlerche** (*Calandrella brachydactyla*) herum. Außerhalb der Brutzeit haben besonders die Wasserflächen große Bedeutung für ziehende und überwinternde Wasservögel - Enten, Taucher, Flamingos, Pelikane und viele andere Arten rasten und ernähren sich hier.

Auf der Landseite schließen an die breiten Salzmarschen die Reste der einstmals endlosen Brackwasser-Weideflächen an, mit den mannshohen weithin sichtbaren Blüten der **Stechenden Binsen** (*Juncus acutus*), die mit vollem Recht ihren Namen trägt. Einzelne **Tamariskenbüsche** sind eingestreut. Hier kommen **Triel**, **Haubenlerche** (*Galerida cristata*), **Brachschwalbe** und **Taurische Mauereidechse** vor, der **Cistensänger** (*Cisticola juncidis*) singt sein eintöniges, zirpendes Lied. Dort, wo

Süßwasser in die Lagunen einmündet, haben sich Schilf- und Rohrkolbenflächen gebildet, ein Übergangsbereich, in dem Rohrsänger und Wasserschildkröten leben. Noch weiter landeinwärts beginnen die landwirtschaftlich intensiv genutzten Felder.

Ursprünglich endeten Flußarme des Nestos in den Lagunen. Sie wurden im Zuge des Baus der Hochwasserdämme alle gekappt. Dadurch veränderte sich die Salzkonzentration im Lagunenwasser. Zum Ausgleich ließ man die Entwässerungskanäle in die Lagunen münden. Diesen Schritt erkannte man in den siebziger Jahren als falsch, da die Abwässer aus der Landwirtschaft, hochbelastet mit ausgewaschenen Düngemitteln, die Lagunen mit Nährstoffen überdüngten. Deutliche Anzeichen der Eutrophierung wurden erkennbar.

Heute münden die Kanäle direkt ins Meer mit dem Erfolg, daß den Lagunen nun das Süßwasser fehlt. Das empfindliche Gleichgewicht ist nachhaltig gestört. Außerdem verschwanden einige der wirtschaftlich wertvollsten Speisefische aus den Lagunen.

Es ist noch nicht so lange her, da reichten die brackigen Weideflächen und Schilfgebiete, viele Quadratkilometer groß, von den Lagunen bis an die Ortschaften Eratinon, Agiasma, Monastiraki und östlich der Mündung bis Mangana und Avdira heran. Die sogenannte Urbarmachung für die Landwirtschaft und massive Eingriffe in den Wasserhaushalt der Region haben auf weiten Flächen Maisäcker entstehen lassen. Auch in den verbliebenen Salzmarschen deuten viele Zeichen auf intensive Überweidung hin, aus Mangel an geeigneten Weidegebieten.

Zur Naturschutzproblematik: Eine klare Grenzlinie zwischen Ackerflächen und natürlichen Biotopen ist dringend erforderlich. Da die naturnahen Bereiche an vielen Stellen zu schmal geworden sind, müssen Randstreifen zur Lagune hin renaturiert und aus der landwirtschaftlichen Nutzung herausgenommen werden. Bewirtschaftungsauflagen für die auf den anschließenden Äckern stattfindende Nutzung sind zur Reduzierung der Belastung der Lagunen mit Dünger und Pestiziden notwendig.

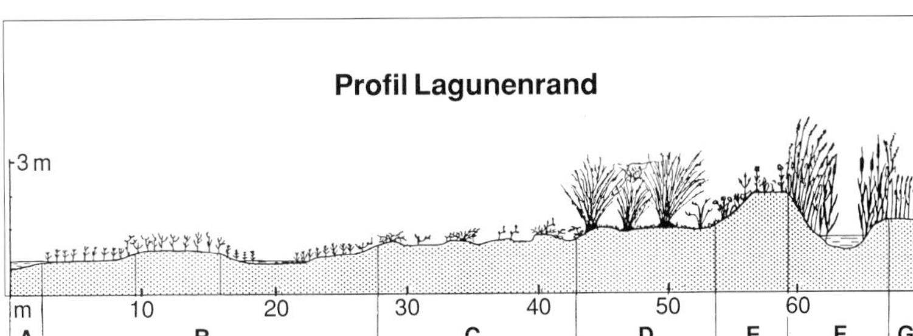

A *Lagune*
B *Lagunenrand*
C *Überschwemmungsgebiete*
D *Weide*
E *Damm*
F *Graben*
G *Kulturland*

Die Süßwasserseen bei Hrysoupolis

Charakteristisch für Flußdeltas im Mittelmeerraum sind mehr oder weniger große Süßwasserseen. Im Nestos-Delta liegen sieben kleinere Seen nordöstlich von Hrysoupolis. Sie haben sehr wichtige ökologische Funktionen. In prähistorischer Zeit gab es hier Salzwasserlagunen mit der entsprechenden Tierwelt. Längst ist durch stetigen Zustrom von Grundwasser das Salz aus dem Boden gewaschen worden, allmählich sind nährstoffreiche Seen und Tümpel entstanden.

Bild oben: Wassernuß

Bild unten: Süßwassersee von Hrysoupolis

Rechte Seite Bild oben: Drosselrohrsänger

Rechte Seite Bild Mitte: Cistrose

Rechte Seite Bild unten: Zwergscharbe

Die reizvolle Umgebung der sanft gewellten Hügel mit tief rotbraunen Böden, der Terra rossa und die kleinflächige Struktur der Felder, aufgelockert durch Hecken und Raine, zeichnen diese abwechslungsreiche Landschaft aus. Noch vor wenigen Jahren waren die meisten Flächen von dichten Gebüschen durchsetztes Weideland.

Die kleinen Seen sind ein Paradies für Wasserpflanzen. Ab Mai blühen die fast die gesamte Seenfläche bedeckenden **Seerosen** (*Nymphea alba*). Inmitten einer durch intensive Landwirtschaft geprägten Landschaft sind die Seen letzte ökologische Inseln.

Ein dichter Gürtel aus Schilf und Rohrkolben erschwert den Zugang zum Wasser. Viele hier häufige Wasserpflanzen wie **Schwimmfarn** (*Salvinia natans*), **Wassernuß** (*Trapa natans*), **Froschlöffel** (*Alisma plantago-aquatica*) und die **Schwanenblume** (*Butomus umbellatus*) sind an anderen Orten in Europa selten geworden. Auch die Fauna ist ausgesprochen reichhaltig: Wasserschildkröten, Seefrösche, Würfelnattern, Wasserschnecken und verschiede-

ne Libellen leben hier. Selbst seltene Vogelarten wie **Purpurreiher** (*Ardea purpurea*), **Zwergscharbe** (Phalacrocorax pygmeus), **Moor-** und **Knäkente** (*Aythya nyroca* & *Anas querquedula*) sowie **Rohrweihe** (*Circus aeruginosus*) kommen an den Seen noch regelmäßig vor. Mit viel Glück kann man in der Morgendämmerung sogar **Fischotter** beobachten.

Auf den Hügeln um die Seen herum gibt es noch die typische mediterrane Vegetation mit ihrer artenreichen Pflanzenwelt: verschiedene **Orchideenarten** (besonders aus der Gattung *Ophrys*), der seltene **Diptam** (*Dictamus albus*), wilde **Iris**, **Cistrosen** und Gebüsche mit **Kermeseichen** (*Quercus coccifera*) und dem **Christusdorn** (*Paliurus spina-christi*). Zur Vogelwelt gehören vier **Grasmücken**- sowie zwei **Spötterarten**, **Heckensänger** (*Cercotrichas galactotes*) und drei **Würgerarten**.

Bild links: Blühende Seerosen

Bild rechts oben: Affodil

Bild rechts und unten: Knäkente und Nachtreiher sind regelmäßige Besucher der Seen

Die zunehmende Entwässerung der Randbereiche und die fortschreitende Ausweitung der Ackerflächen und der damit verbundene Pestizid- und Düngereintrag bedrohen die empfindlichen Lebensgemeinschaften der Seen und der Trockenrasenbiotope an den Hängen. Das Abpumpen von Seewasser zur Bewässerung der umliegenden Felder gefährdet die Gesamtheit dieser Biotope mit ihrer interessanten Flora und Fauna.

Von oben links im Uhrzeigersinn: Rotkopfwürger , Diptam, Laubfrosch und verschiedene Schmetterlingsarten (u. a. Schachbrett und Dickkopffalter auf Blüten der Ochsenzunge)

Bild rechts: Zwergdommel

Biotope aus zweiter Hand

Auch in den intensiv genutzten Bereiche im Delta kann der aufmerksame Besucher viele interessante Beobachtungen anstellen. Neben den großflächigen Monokulturen schufen die Menschen neue Lebensräume. Diese sogenannten Sekundärbiotope, die natürlich nicht mehr oder nie vorher im Delta existiert haben wie Steinmauern mit Höhlen und Ritzen an Häusern und Gärten, sind Ersatz für Felsen. **Eidechsen**, **Geckos** und **Wiedehopf** (*Upupa epops*) finden dort Lebensräume.

Der **Weißstorch** (*Ciconia ciconia*) bewohnt fast ausschließlich die menschlichen Siedlungen. Er ist einer der ältesten Kulturfolger des Menschen. Die alten, halbverfallenen Schuppen sind gern genutzter Brutplatz der drei hier vorkommenden Eulenarten **Steinkauz**, **Zwergohr-** und **Schleiereule** (*Athene noctua*, *Otus scops* & *Tyto alba*).

Trotz des starken Eingriffs in die Landschaft sind die Be- und Entwässerungskanäle nicht ohne ökologische Bedeutung. Sie erfüllen teilweise die Funktion, die früher die Seitenarme des Nestos innehatten: Sie verteilen Süßwasser über das gesamte Delta. So verwundert es nicht, daß in den oft mit Schilf und Rohrkolben bestandenen Gräben reiches Leben herrscht. Sie dienen als Rückzugsgebiete einer auf weiten Flächen stark bedrängten Flora und Fauna. Seltene Pflanzen wie **Schwanenblume** (*Butomus umbellatus*), **Schwimmfarn** (*Salvinia natans*), **Algenfarn** (*Azolla spec.*) und viele Unterwasserpflanzen wie das **Laichkraut** (*Potamogeton*) sind hier genauso zu Hause wie **Wasserschildkröten**, **Würfelnatter**, **Rohrsänger**, **Seefrosch** und selbst **Zwergdommel**. Auch der **Fischotter** nutzt die breiteren Kanäle, wo er unter überhängenden Brombeerhecken vortreffliche Deckung findet. Für den Weißstorch sind die Gräben eine Ergänzung zu den übrigen Nahrungsbiotopen.

Die intensiv genutzten Felder machen heute den Löwenanteil der Deltafläche aus. Im Zuge der Anlage der Be- und Entwässerungsgräben wurden im Rahmen von Flurbereinigungen große rechtwinklige Felder mit Anschluß an das Wegenetz geschaffen, eine Kultursteppe ohne Hecken und Feldgehölze. Dementsprechend kümmerlich ist hier auch die Ausstattung an Wildpflanzen und Tieren. Lediglich in den Randbereichen des Deltas, wo die Nutzung noch nicht so intensiv ist, kann man noch eine größere Zahl bedrohter Ackerunkräuter feststellen: **Kornrade** (*Agrostemma githago*), **Kornblume** (*Centaurea cyanus*), **Klatschmohn** (*Papaver rhoeas*) und **Kamille** sind hier noch recht häufig.

Für die Erhaltung der wichtigen Ausgleichsfunktion der Gräben ist ein sorgsamerer Umgang mit Düngemitteln und Spritzmitteln besonders notwendig. Bisher werden leere oder halbleere Dosen der Agro-Chemie achtlos in den nächsten Kanal geworfen, mit katastrophalen Folgen für die Tierwelt. Auch das sinnlose Abflämmen jeglicher Vegetation ist ein vermeidbares Übel. Viele Schildkröten und Kleintiere kommen dabei um, Vogelnester werden zerstört. Säuberungsaktionen an den Gräben mit modernen Baggern sollten, wenn überhaupt nötig, nur im Herbst und Winter durchgeführt werden.

Mit einer weiter zunehmenden Intensivierung in der Landwirtschaft sind auch die Brutbestände des Weißstorches in Gefahr

Die Tierwelt

Säugetiere

Betrachtet man die Säugetierfauna im Nestos-Delta, so fällt die außerordentliche Scheu aller hier vorkommenden Arten auf. Dieses Verhalten ist auf die Verfolgung durch den Menschen sowie auf häufige Störungen zurückzuführen. In weiten Teilen der griechischen Bevölkerung herrscht eine Abneigung gegen alles, was wild und (auf den ersten Blick) nutzlos erscheint oder gar kriecht und beißt. Als Folge vielfacher Verfolgung verstecken sich die meisten Tiere tagsüber. Die Artenvielfalt ist außerdem stark dezimiert, vergleicht man die heutige Situation mit den Angaben von

Forstprofessor Papaioannou aus dem Jahr 1953. So sind **Braunbär**, **Reh**, **Damhirsch**, **Wolf** und der eventuell früher vorkommende **Luchs** heute im Delta ausgestorben.

Im folgenden werden die auffälligsten und für den Mitteleuropäer ungewohnteren Arten etwas ausführlicher beschrieben.

Der Fischotter

Von besonderer Bedeutung ist die große Population des **Fischotters** (*Lutra lutra*) im gesamten Nestos-Gebiet und den im Osten angrenzenden Feuchtgebieten. Nach englischen Untersuchungen bestehen hier noch gute, geschlossene Populationen, d.h. alle geeigneten Lebensräume sind besiedelt.

Bild linke Seite: Ost-Igel

Bild oben: Mehr als die Fußabdrücke sieht man für gewöhnlich vom Fischotter nicht

Bild unten: Der Nestos mit seinen Seitenarmen ist der Lebensraum des Fischotters

Diese Situation wird in der Europäischen Gemeinschaft nur noch an wenigen Orten angetroffen. Infolge der Austrocknung der Flüsse im Sommer nutzen die Otter die ausgedehnten Be- und Entwässerungskanäle als Sekundärbiotope. Diese Bereiche sind neben den Lagunen besonders fisch- und froschreich. Aber auch im übrigen Delta finden die Fischotter ausreichend Nahrung vor.

Otter besuchen auch regelmäßig die brackigen Lagunen, selbst an der Küste können Spuren gefunden werden. Neben Fischen verzehren sie Amphibien, Reptilien und Vögel.

Seine Anwesenheit verrät der Otter durch Kot an exponierten Stellen (Steine im Wasser, Brücken, Flußschwellen etc.), Spuren im Schlamm oder Sand und durch übriggelassene Blasen von Fischen. Nur sehr selten bekommt man das Tier zu sehen. Fischotter sind außerordentlich kluge Tiere. Sie geraten nur sehr selten in Fallen, die ihnen leider immer wieder von Fischern gestellt werden.

Aus Furcht vor dem Menschen vermeiden sie es, unter niedrigen Brücken durchzulaufen oder durchzuschwimmen. In der Regel laufen sie in einem weiten Bogen um Brückenbauwerke herum. Dieses Verhalten wird ihnen bei Straßenbrücken leider häufig zum Verhängnis, regelmäßig werden Tiere überfahren. Erwachsene Otter haben außer dem Menschen kaum natürliche Feinde.

In den letzten Jahren ist eine deutliche Abnahme der Bestände feststellbar. Die Gründe hierfür sind nicht genau bekannt. Sicher spielen direkte Verfolgung, Biotopzerstörung, zunehmender Nahrungsmangel, Gewässerverschmutzung und Schädigungen durch Schwermetalle und Pestizide eine Rolle. Erste Untersuchungen hierzu laufen jetzt an.

Der Wolf

Der **Wolf** (*Canis lupus*) ist im eigentlichen Nestos-Delta, in dem er bis Mitte dieses Jahrhunderts noch häufig vorkam, nicht mehr seßhaft. Nur gelegentlich, meist im Winter, wenn in den Bergen viel Schnee liegt und die Nahrungsverhältnisse schlecht sind, kommen einzelne Tiere oder kleine Rudel in die Ebene. Hier werden sie dann rücksichtslos verfolgt. Nur selten gelingt es einzelnen Tieren, bis in die Sommermonate in den Feuchtgebieten zu überleben.

Obwohl der Wolf eigentlich einen hohen Schutzstatus genießt und seit 1983 durch die Ratifizierung der Berner Konvention zum Schutz der freilebenden Flora und Fauna nicht mehr verfolgt werden darf, wird er weiterhin abgeschossen oder vergiftet, wo immer er auftritt.

In den angrenzenden, besonders den menschenleeren, höheren Rhodopen gibt es noch intakte Bestände dieses meistgehaßten Säugers. Genauere Bestandsschätzungen sind aber wegen seiner versteckten Lebensweise kaum möglich. Für ganz Griechenland geht man von einem Bestand von 3.000 bis 6.000 Tieren aus.

Neben der direkten Verfolgung macht sich die zunehmende Erschließung bisher abgelegener Bergregionen durch Straßen und Forstwege bemerkbar. Neue Straßen bringen neue Feuergefährdung für den Wald und vor allem Jäger, die dem Wolf nachstellen.

Eine weitere Gefahr für die Wolfsbestände ist die Bastardierung mit streunenden Hunden. Die Bastarde sind häufig viel gefährlicher als die eigentliche "Bestie". Für den Wolf ist zu befürchten, daß ein großer Teil der Bestände nicht mehr genetisch rein ist, d.h. viele Tiere schon Mischlinge sind. Leider werden alle von streunenden Hunden und Bastarden angerichteten Schäden den Wölfen angelastet. Dies führt zu einer zusätzlichen Aufheizung der Stimmung gegen dieses verkannte Tier.

Während man sich in anderen Teilen Europas große Mühe gibt, die letzten Wölfe zu erhalten und dabei auch gewaltige finanzielle Aufwendung nicht scheut, werden in Griechenland die Bestände dieses imponierenden Raubtieres noch immer dezimiert.

Der Braunbär

Der **Braunbär** (*Ursus arctos*) ist wahrscheinlich seit 30 - 40 Jahren in der Ebene ausgerottet. Im Auwald Kotza Orman kam er bis zu dessen Zerstörung nach dem Zweiten Weltkrieg vor. Heute gibt es noch eine kleine isolierte Population des Braunbären in den Hochlagen der Rhodopen. Hier ernährt er sich vorwiegend von Früchten.

Die vielen verlassenen Dörfer mit verwilderten Obstgärten und die reiche Naturausstattung mit vielerlei Beeren, wie dem einzigen griechischen Vorkommen von **Blaubeere** (*Vaccinium myrtillus*) und **Preiselbeere** (*Vaccinium vitis-idaea*), ermöglichen dies.

Probleme mit dem Bären haben vorwiegend die Bienenzüchter, da der Bär ein "süßes Schleckermaul" ist und gerne

Obwohl der Braunbär gesetzlich geschützt ist, werden Tiere immer noch illegal gefangen und als "Tanzbären" vorgeführt

Bienenstöcke plündert. Neuerdings versucht man die Braunbären durch Elektrozäune von den Bienenstöcken fernzuhalten, eine schadlose und sehr wirksame Methode.

Nur selten kommt es vor, daß ein Bär zum Fleischfresser wird und sich an freigrasenden Rindern oder Schafen vergreift. Wird ein solcher Fall bekannt oder auch nur behauptet, genehmigen die griechischen Behörden bisher leider nur zu schnell den Abschuß dieses geschützten Großsäugers. Auch kommt es in der letzten Zeit verstärkt zum illegalen Abschuß von Braunbären. So sollen allein 1987 mindestens 20 Bären im ganzen Lande gewildert worden sein, eine Zahl, die der kleine Bestand von knapp 100 bis vielleicht 200 Tieren nicht verkraften und ausgleichen kann. Strengster Schutz und Bestrafung bei Vergehen müssen unbedingt diesen seltenen Großsäuger vor dem Aussterben im griechisch-bulgarischen Verbreitungsgebiet bewahren.

Entschädigungszahlungen und großräumige Schutzgebiete wären die richtigen Lösungen für diese durch griechische und internationale Gesetzgebung geschützte Art.

Die Wildkatze

Die **Wildkatze** (*Felis silvestris*) lebt vor allem im Bereich des Nestos-Auwaldes und in den unteren und mittleren Gebirgslagen. Insbesondere am späten Nachmittag kann gelegentlich eine Beobachtung gelingen. Der buschige Schwanz mit seiner Ringelzeichnung und der schwarzen Spitze sowie die Haarbüschel auf den Ohren sind Unterscheidungsmerkmale zu den streunenden Hauskatzen.

Leider wird der Wildkatze von offizieller Seite in den beiden besonders für den **Wildfasan** eingezäunten Schutzgebieten am Nestos nachgestellt. Zu Unrecht wird diese Tierart als Schädling betrachtet.

Der Schakal

Der **Schakal** oder **Goldschakal** (*Canis aureus*) kommt noch im ganzen Gebiet vor. Wegen der Zerstörung geeigneter Lebensräume sind die Bestände jedoch stark ausgedünnt. Es fehlen vor allem ungestörte Rückzugsbereiche. Schakale leben in den trockeneren Auwäldern und an den Lagunen, wo sie sich tagsüber im Schilf oder Dickicht gut verstecken können. Schakale jagen meist zu zweit oder in kleinen Gruppen nach kleinen Säugetieren und Vögeln. Sie ernähren sich auch von dem allseits zunehmenden Müll in der Landschaft. In der Abendämmerung kann man, besonders im Herbst und Frühjahr, gelegentlich die heulenden Rufe des Schakals hören. Die Lagunen von Keramoti oder auch der Vistonis-See sind hierfür gute Plätze.

Die Tiere schwimmen übrigens gut und ausdauernd. Schakale werden dem Menschen in keiner Weise gefährlich, sie vergreifen sich auch nur selten an Haustieren. Eine Ausnahme sind vielleicht freilaufende Hühner.

Die größte Gefährdung für den Goldschakal liegt in der zunehmenden Zerstörung der Rückzugsgebiete. Die direkte Verfolgung durch den Menschen, vor allem Jäger, ist leider immer noch üblich und wird von der Forstverwaltung mit Prämien belohnt. Diese wird bei Ablieferung der Vorderläufe ausgezahlt. Der Schakal ist mit Lebendfallen leicht zu fangen.

Für die Erhaltung der letzten Bestände des überall in Griechenland stark zurückgehenden Schakals sind Schutz-

Der Goldschakal ist durch die Zerstörung seiner letzten Rückzugsgebiete gefährdet

maßnahmen dringend erforderlich. Leider ist der Schakal in Griechenland weder durch nationale noch durch internationale Gesetze geschützt.

Weitere Säugetiere, die in noch guten Beständen im Nestos-Gebiet vorkommen, sind der **Fuchs** (*Vulpes vulpes*) und der vor allem im Auwald anzutreffende **Dachs** (*Meles meles*). Die **Steinmarder** (*Martes foina*) leben auch in den Siedlungen. Überall ist das **Mauswiesel** (*Mustela nivalis*) anzutreffen. Der **Ost-Igel** (*Erinaceus concolor*), der sich durch die helle Unterseite vom dunkleren mitteleuropäischen Igel unterscheidet, ist eine weitere Säugetierart im Nestos-Delta.

Über Fledermäuse und Nagetiere liegen nur sehr bescheidene Kenntnisse aus dem Gebiet vor. Beide Gruppen sind aber durch eine Vielzahl von Arten vertreten.

Nur in den Hochlagen der Rhodopen kommen noch an wenigen Stellen kleine Rudel der in Griechenland sehr seltenen **Gemse** (*Rupicapra rupicapra*) vor. Über die Verbreitung des **Luchses** (*Lynx lynx*) in Griechenland gibt es keine gesicherten Angaben, doch gibt es immer wieder Hinweise auf ein mögliches Vorkommen in den Kammlagen der grenznahen Rhodopen.

Vögel

Das Nestos-Delta zählt zu den bedeutendsten europäischen Feuchtgebieten. Mehr als 270 Vogelarten wurden hier bereits brütend, durchziehend oder überwinternd festgestellt. Bezieht man noch die direkt angrenzenden Berghänge und die Nestosschlucht ein, so kommt man auf über 300 Arten. Über die reine Artenzahl hinaus ist das Brutvorkommen von sonst in Europa ausgestorbenen oder äußerst seltenen Arten wie dem **Spornkiebitz**, der **Rostgans** und dem **Maskenwürger** bemerkenswert.

Zwischen der weitgehend ungestörten Nestosschlucht und dem flachen Deltabereich bestehen wichtige Verbindungen. So brüten z.B. manche Greifvögel dort auf den Felsen, kommen aber zur Nahrungssuche regelmäßig ins Delta. Andererseits streifen Möwen oder **Flußseeschwalben** auf der Nahrungssuche durch die Schlucht.

Für die ganze Nestos-Region, einschließlich der hohen Rhodopen, sind bisher fast 350 Vogelarten nachgewiesen. Dies entspricht knapp 75 % der europäischen Brutvogelarten. Dies ist eine Vielfalt, die nur in sehr wenigen Gebieten in Europa erreicht wird. Mit aus diesem Grund zählt das Nestos-Delta nach einer Aufstellung der EG-Kommission zu den zehn wichtigsten Vogelgebieten Europas.

Schließlich hat der weiträumige Feuchtgebietskomplex eine überragende Bedeutung für unsere Zugvögel. Millionen von Sing- und Wasservögeln rasten hier auf ihrem Zug zu ihren afrikanischen Überwinterungsquartieren und tanken zum letzten Mal Nahrungsreserven vor der Überquerung des Mittelmeeres. Andere Arten wie **Silberreiher**, **See-** und **Schelladler** überwintern in zum Teil größerer Zahl im Gebiet.

Flußseeschwalben am Nestos

Artenvielfalt bei den Greifvögeln

An nur wenigen Orten in Europa sind derart viele Greifvogelarten zu beobachten wie in Nordost-Griechenland. Im Nestos-Delta, vor allem aber in den angrenzenden Bergregionen jagen **Stein-**, **Kaiser-**, **Schlangen-**, **Zwerg-**, **Schreiadler** sowie **Adlerbussard**, kreisen **Gänse-**, **Schmutz-** und **Mönchsgeier**. Mit einiger Übung lassen sich alle Arten am besten anhand ihres Flugbildes unterscheiden.

Bild oben: Großvögel im Fluge, der Rosapelikan

Bilder rechte Reihe von oben nach unten: Schlangenadler, Gänsegeier, Schmutzgeier , Seeadler und Adlerbussard

Brutvögel am Nestos

Die überwiegende Zahl der im Nestos-Delta brütenden Vögel zählt zu den an das Wasser angepaßten Arten. Doch auch Sing- und Greifvögel haben sich an die vom Wasser geprägten Verhältnisse angepaßt. Als ornithologische Besonderheiten leben im Nestos-Delta Spornkiebitz, Schreiadler und die wilde Form des Fasans.

Bild rechts: Spornkiebitz

Bild rechte Seite: Ansammlung von Spornkiebitzen vor dem Herbstzug

Europas seltenster Watvogel, der Spornkiebitz

Nur in wenigen küstennahen Feuchtgebieten in Nordost-Griechenland kommt der **Spornkiebitz** (*Hoplopterus spinosus*) als Brutvogel vor. Am Nestos hat er seinen wichtigsten Bestand. Etwa 40-50 Paare dieser eleganten Kiebitzart brüten im Mündungsgebiet an den Lagunen und Dünen. Dies entspricht 70 - 80 % des gesamten europäischen Bestandes.

In allen Brutgebieten hat der Bestand in den letzten Jahren stark abgenommen. Die Brutvorkommen an einigen Lagunen zwischen dem Nestos-Delta und dem Evros-Delta sind in den letzten Jahren verwaist. Auch im Nestos-Delta ist die Bestandsentwicklung rückläufig. So gab es hier Anfang der achtziger Jahre noch 80 Paare.

Sein Nest baut der Spornkiebitz immer auf trockenem Untergrund. An den Lagunen wird etwa eine bestimmte bültenartige Salzpflanze als Nestunterlage bevorzugt (*Arthrocnemum radicans*). In den Dünen bauen sie die Nester in den höher gelegenen Bereichen. Der Spornkiebitz tarnt dabei das Gelege oft mit allerlei kleinen Wurzeln, Stöckchen oder Ziegenkot. Die Jungen können als typische Nestflüchter schon am ersten Tag das Nest verlassen. Sie werden von den sehr wachsamen Eltern unmittelbar nach dem Schlüpfen in die Nähe des Wassers geführt.

Bei Störungen während des Brütens zeigen sie ein auffälliges Verhalten: Die Altvögel umfliegen schon von weitem den Störenfried und warnen laut mit ihrem durchdringlichen Warnruf: "Pitt, pitt, pitt".

Der Spornkiebitz kommt recht früh im März aus seinen afrikanischen Winterquartieren zurück und beginnt bald darauf mit dem Brüten. Gelegentlich sieht man aber auch noch spät im Juli Jungvögel, die aus einem "Nachgelege" stammen, nachdem das erste Gelege verlorengegangen ist, z.B. durch Überschwemmung, Bodenfeinde oder Möwen.

Der Schreiadler ist ein charakteristischer Greifvogel der Auwälder

Zu Fuß durch den Auwald, der Schreiadler

Der **Schreiadler** (*Aquila pomarina*) ist ein typischer Auenbewohner, der am Nestos noch mit etwa 5 Brutpaaren vorkommt. Das sind immerhin 10 Prozent der griechischen Population. Dieser mittelgroße Adler ist ein Zugvogel, der im März aus Afrika heimkehrt und bald mit der Balz anfängt.

Den Namen verdankt diese Art dem Verhalten des Jungvogels. Wenn das Junge das Nest verläßt, aber noch gefüttert wird, schreit es den ganzen Tag über sehr laut und auffällig und macht so seine Eltern auf sich aufmerksam.

Erstaunlicherweise wird pro Jahr immer nur ein Jungvogel großgezogen. Die übrigen frisch geschlüpften Geschwister verhungern bzw. werden vom Erstgeborenen aus dem Nest gedrängt.

Dieses Verhalten hat man sich von Seiten des Naturschutzes für den Arterhalt zu Nutzen gemacht. Sobald die Jungen aus dem Ei schlüpfen, wird das stärkere Erstgeborene aus dem Nest genommen und in das Nest eines in der Nähe brütenden Mäusebussards gesetzt, dessen Junge etwa gleich alt sind. Der Bussard wird ohne Zögern den Gast wie die eigene Brut durchfüttern, das Schreiadlerpaar wird in seinem Nest den später geschlüpften Jungvogel aufziehen.

Nach ein paar Wochen kann man ohne Bedenken den jungen "Schrei-Bussard" in sein eigentliches Nest zurücksetzten - er wird nun normal mit dem jüngeren Geschwister von den Adlern aufgezogen. Auf diese Weise hat man in manchen Gebieten eine Verdoppelung des Bruterfolges erreicht, ein für die Bestandssicherung entscheidender Faktor.

In Gegenden mit stark geschwächten Beständen ist dieser gezielte Eingriff zur Erhöhung des Brutbestandes sinnvoll. Gut geschultes Personal und viel Zeit sind natürlich Grundvoraussetzung für solche Artenhilfsmaßnahmen. Am Nestos ist es aber vordringlicher, die hier lebenden Adler vor dem illegalen Abschuß zu bewahren und Brutbiotope zu erhalten. Dies kommt letztlich auch vielen anderen Tier- und Pflanzenarten zugute.

Die eingezäunten Auwälder im Nestos-Delta zeigen sehr deutlich, daß bei entsprechender Ruhe die empfindlichen Großvögel sofort wieder brüten.

Die Nahrung des Schreiadlers besteht vorwiegend aus kleinen Wirbeltieren, wie Eidechsen, Fröschen oder Mäusen, die er meist zu Fuß auf Auwaldlichtungen erbeutet. Gerne öffnet er die großen, kugeligen Nester der **Weidensperlinge** (*Passer hispaniolensis*), aus denen er die Jungen herauspflückt.

Schreiadler sind am besten in den Morgenstunden zwischen acht und zehn Uhr zu beobachten, wenn sie aufsteigen und über ihren Revieren kreisen. Dabei ist auch oft der etwas bellend-pfeifende Ruf zu hören.

An geeigneten Stellen, z.B. zwischen dem Südrand der Rhodopen und dem Nordufer des Vistonis-Sees, lassen sich im Herbst pro Tag oft mehrere Dutzend Adler beobachten, wenn sie auf ihrer Hauptroute des südosteuropäischen Zugweges vorbeiziehen.

In der Bundesrepublik sind Schreiadler mit der Zerstörung der Auwälder seit Anfang dieses Jahrhunderts ausgestorben.

Im Winter ist am Nestos recht häufig der etwas größere, aber insgesamt sehr ähnliche **Schelladler** (*Aquila clanga*) zu sehen. Dieser ist ebenfalls ein typischer Bewohner großer Flußniederungen. Er brütet aber nicht in Griechenland.

Der Wildfasan

Eine weitere Besonderheit des Nestos-Gebietes ist die wildlebende Population von mindestens 50 Paaren des **Fasans** (*Phasianus colchicus colchicus*). Bis heute konnte nicht eindeutig festgestellt werden, ob er schon von den "alten" Griechen, Römern oder Byzantinern als "Jagdpapagei" eingebürgert wurde oder hier ursprünglich vorkommt.

Tatsache ist, daß der Fasan hier am Nestos den mit Abstand westlichsten Verbreitungspunkt der namengebenden Unterart, der sogenannten Nominatform, in Europa hat. Tiere dieser Unterart zeichnen sich durch eine kupferfarben schillernde Rückenfärbung aus und haben keinen weißen Halsring. Demgegenüber sind alle mitteleuropäischen Fasane meist Kreuzungen verschiedener Unterarten. Der "Nestosfasan" lebt im Bereich der trockeneren Auwälder und ist, verglichen mit den aus Fasanerien stammenden Fasanen, außerordentlich scheu.

Sein Vorkommen war der eigentliche Grund der Einzäunung von zwei Waldparzellen am Nestos zum Schutz dieser Art. Zu ihrer Erhaltung sind anstelle von Fütterungen und der Verfolgung natürlicher Feinde vor allem strengere Kontrollen des Jagdverbotes und eine Vergrößerung der naturnahen Lebensräume notwendig.

See- und Wasservögel im Delta

An den Lagunen und auf den Inseln im Nestos leben See- und Watvögel, die in weiten Teilen Europas stark im Rückgang begriffen sind. So sind **Austernfischer** (Haematopus ostralegus), **Triel** (Burhinus oedicnemus), **Rotschenkel** (*Tringa totanus*), **Fluß**- und **Seeregenpfeifer** (*Charadrius dubius & C. alexandrinus*) noch regelmäßig anzutreffen. **Stelzenläufer** (*Himantopus himantopus*), **Säbelschnäbler** (*Recurvirostra avosetta*) und **Brachschwalbe** (*Glareola pratincola*) haben jedoch auch hier schon besorgniserregend abgenommen.

Bild links: Wildfasan

Bild oben: Die Blauracke gehört zu den farbenprächtigsten Vogelarten Europas

Fluß- und **Zwergseeschwalbe** (*Sterna hirundo & S. albifrons*) bewohnen oft in gemischten Kolonien die Lagunen und Flußinseln. Auf der kleinen Felseninsel Thassopoula, auf halbem Wege nach Thassos, befindet sich eine wachsende Kolonie (3000 Paare) der **Weißkopfmöwe** (*Larus cachinnans*). Diese Art wurde erst kürzlich von der **Silber-**

möwe (*Larus argentatus*) getrennt und unterscheidet sich von dieser vorwiegend durch die gelben Beine und den unterschiedlichen Ruf. Leider breitet sich diese sehr große Möwenart wegen der unzähligen offenen Müllplätze stark aus, sehr zum Schaden anderer Bodenbrüter, deren Nester von dieser Art oft geplündert werden.

An verschiedenen Stellen im Delta brüten noch kleine Bestände von **Graureiher** (*Ardea cinerea*), **Purpurreiher** (*Ardea purpurea*), **Zwergdommel** (*Ixobrychus minutus*) und mindestens 100 Paare des zierlichen, gelbfüßigen **Seidenreihers** (*Egretta garzetta*).

Die in Erdhöhlen brütende **Brandgans** (*Tadorna tadorna*) und die noch seltenere **Rostgans** (*Casarca ferruginea*), von der wahrscheinlich weniger als 30 Paare in ganz Griechenland leben, haben im Gebiet ebenfalls stark abgenommen.

An den kleinen Seen in der Nähe von Hrysoupolis mit ihren Seerosen und Schilfbeständen brüten **Moorente** (*Aythya nyroca*), **Schnatter**- und **Knäkente** (*Anas strepera & A. querquedula*) sowie **Zwergdommel** und **Zwergtaucher** (*Tachybaptus ruficollis*).

Im Auwald leben ca. 50 % aller Greifvögel des Deltas. Neben dem Vorkommen des **Schreiadlers** ist das des **Kurzfangsperbers** (*Accipiter brevipes*) bemerkenswert. Er ersetzt in der Ebene den **Sperber** (*Accipiter nisus*) und ist von diesem am besten durch die von unten schwarzen Flügelspitzen zu unterscheiden.

Erfreulich ist die Anwesenheit des **Weißstorches** (*Ciconia ciconia*) in den meisten Gemeinden. Allerdings zeigen aktuelle Zählungen, daß im Vergleich zu 1970 bereits ein starker Rückgang stattgefunden hat. Es sind jetzt nur noch ca. 150 Brutpaare im Delta, gegenüber einem früher doppelt so hohen Bestand. Vor allem die großen Ansammlungen in manchen Ortschaften und die Baumkolonien haben abgenommen. So weist der Ort Mangana heute nur noch einen kleinen Restbestand von seinen einst 54 Horsten auf.

Die staatliche Stromgesellschaft hat auf Anregung der Vogelwarte Radolfzell am Bodensee an vielen Stellen Nesthil-

fen auf den Strom- und Telefonmasten angebracht, eine Hilfe, die von den Störchen gerne angenommen wird. So sind die Vögel vor Stromschlag sicher und das Versorgungsunternehmen vor Kurzschlüssen geschützt.

Vögel des Auwaldes

Vier Würgerarten sind im trockenen Auwald und den Pappelpflanzungen vertreten: **Neuntöter** (*Lanius collurio*), **Schwarzstirnwürger** (*Lanius minor*), **Rotkopfwürger** (*Lanius senator*) und der seltene **Maskenwürger** (*Lanius nubicus*). Letzterer baut sein mit Distelsamen durchsetztes Nest meist dicht am Stamm der Pappeln in einer Astgabel.

Die mit Abstand häufigsten Singvogelarten im Auwald sind die **Nachtigall** (*Luscinia megarhynchos*) und der erst sehr spät im April aus den afrikanischen Winterquartieren zurückkehrende **Blaßspötter** (*Hippolais pallida*). Der **Blutspecht** (*Dendrocopos syriacus*) und der **Kleinspecht** (*Dendrocopos minor*) sind die einzigen im Gebiet brütenden Spechtarten.

Linke Seite: Krauskopfpelikan

Bild oben: Purpurreiher

Bild links: Die Weißkopfmöwe ist eine nahe Verwandte der Silbermöwe

Nestos-Delta, Drehscheibe für den Vogelzug

Außerhalb der Brutzeit kann man im Nestos-Delta besonders auf dem Frühjahrszug viele verschiedene Vogelarten beobachten. Im April und Mai halten sich hier große Trupps von **Löfflern** (*Platalea leucorodia*), **Sichlern** (*Plegadis falcinellus*), **Nachtreihern** (*Nycticorax nycticorax*) und auch vielen Limikolen auf. An den Lagunen kann man **Flamingos** (*Phoenicopterus ruber*), **Kraniche** (*Grus grus*) und selbst den weltweit unmittelbar vom Aussterben bedrohten **Krauskopfpelikan** (*Pelecanus crispus*) sehen. Im Auwald trifft man dann vom mitteleuropäischen **Waldlaubsänger** (*Phylloscopus sibilatrix*) und **Gartenrotschwanz** (*Phoenicurus phoenicurus*) bis zu mediterranen **Weißbartgras-**

mücken (*Sylvia cantillans*) und **Halbringschnäppern** (*Ficedula semitorquata*) viele verschiedene Singvögel in großer Zahl an. Zahlreiche Greifvögel ziehen entlang der Berge nach Westen, und der **Schwarzstorch** (*Ciconia nigra*) ist ein regelmäßiger Gast am Fluß.

Im Winter Rastplatz für Zehntausende von Wasservögeln

Kaum vorstellbar, daß es in diesem Land von Sonne, blauem Meer und Himmel auch richtige Winter gibt. Doch ganz besonders im Nordosten des Landes macht sich der kontinentale Einfluß deutlich bemerkbar.

Linke Seite oben: Brandenten

Linke Seite unten: Wintergast Silberreiher

Bild oben: Uferschwalben auf Telegraphenleitung

Bild Mitte: Rosenstare brüten unregelmäßig in Kolonien von bis zu 1.000 Paaren im Gebiet

Bild rechts: Zwergsäger im Winter

Starke Regenfälle und Schneeschauer begleitet von Frost und stürmischen Winden können ab November die ausgetrockneten Böden um die Lagunen und die Flußmündung in einen unpassierbaren Sumpf verwandeln. Jetzt treffen die ersten Wintergäste ein. Die Zahl der Wasservögel, vor allem Enten, Bläßhühner, Taucher und Gänse, kann bis zu 50.000 Tiere erreichen. Im besonders kalten Winter 1986/87 wurden in dem ganzen Feuchtgebietskomplex Nestos - Vistonis - Mitrikou mehr als 200.000 Wasservögel gezählt. Tausende von **Schwänen**, **Flamingos**, **Gänsen** und Watvögel vieler verschiedener Arten verbringen den Winter in dieser Region.

Auf einer mit hohen Weiden bestandenen Insel im Nestos befindet sich ein wichtiger Schlafplatz der **Kormorane** (*Phalacrocorax carbo*) mit bis zu 3.500 Exemplaren. Auch die **Zwergscharbe** rastet ebenfalls mit mehreren Tausend Tieren nahe der Mündung. Dies entspricht einem wesentlichen Teil der Weltpopulation. Der majestätische **Silberreiher** (*Casmerodius albus*), am Anfang dieses Jahrhunderts wegen seiner Schmuckfedern für Damenhüte weltweit fast ausgerottet, ist hier ein häufiger Wintergast. Die zahllosen Wasservögel sind Beute für verschiedene Greifvögel, die hier überwintern. So kann man hier oft mehrere **Seeadler**, **Schelladler**, **Wander**- und **Lannerfalken** (*Falco peregrinus* & *F. biarmicus*) an einem Tag beobachten. **Rohrweihe** (*Circus aeruginosus*), **Korn**- und **Steppenweihe** (*Circus cyaneus* & *C. macrourus*) überwintern ebenso wie **Kaiseradler** (*Aquila heliaca*) und **Adlerbussard** (*Buteo rufinus*).

Ausgestorbene Vogelarten am Nestos

Alarmierend ist die hohe Zahl der als Brutvögel aus dem Nestos-Gebiet verschwundenen Arten. **Kaiseradler**, **Bartgeier** (*Gypaetus barbatus*) und **Mönchsgeier** (*Aegypius monachus*) sind bereits seit mehreren Jahrzehnten ausgerottet. Der **Seeadler** hat bis in die siebziger Jahre am Nestos gebrütet. Ein riesiger Horst wurde noch 1982 gefunden, er diente einem Habichtspaar als Nistunterlage.

Auch die großen Kolonien der **Nachtreiher** (*Nycticorax nycticorax*), **Rallenreiher** (*Ardeola ralloides*), **Löffler** (*Platalea leurorodia*), **Sichler** (*Plegadis falcinellus*) und **Zwergscharbe** (*Phalacrocorax pygmaeus*) sind am Nestos leider ausgestorben. Einzelne kleine Kolonien bestehen noch in den östlich benachbarten Gebieten um Vistonis und Mitrikou. Die Schilfbrüter **Große Rohrdommel** (*Botaurus stellaris*) und **Silberreiher** (*Casmerodius albus*) sind mit der Zerstörung der letzten großen Schilfflächen an den Lagunen verschwunden. Ehemals brüteten auch **Dünnschnabelmöwe** (*Larus genei*), **Schwarzkopfmöwe** (*Larus melanocephalus*) und **Lachseeschwalbe** (*Gelochelidon nilotica*) in großen Kolonien an der Mündung des Nestos und den Lagunen. Die beiden letztgenannten Arten scheinen eng an die ehemaligen Reisfelder gebunden gewesen zu sein und sind erst in den 70er und frühen 80er Jahren dieses Jahrhunderts ausgestorben.

Links: Die Dünnschnabelmöwe ist mit dem Verschwinden der Reisfelder als Brutvogel im Nestos-Delta ausgestorben. Neue Reisfelder bei den Lagunen bei Keramoti, die 1988 angelegt wurden, können dieser Art wieder ein "Come-back" ermöglichen

Unten: Zwei Löffler bei der Nahrungssuche

Reptilien und Amphibien

Charakteristisch für die griechische Herpetofauna (alle Reptilien und Amphibien) ist das Vorkommen vieler Arten. Dies läßt sich durch das Überschneiden von verschiedenen tiergeographischen Regionen erklären. Hier leben Arten aus dem europäischen, dem mediterranen, dem asiatischen und selbst aus dem afrikanischen Raum. Außerdem haben sich durch die Verinselung, d.h. das Abschneiden kleiner Populationen in kleinen lokalen Räumen, im Laufe der Evolution viele endemische Arten herausgebildet. Viele Arten haben einen Lebensraum durch die starke naturräumliche Gliederung des Landes in Inseln, Hochgebirge, Feuchtgebiete und Ebenen gefunden.

Reptilien

Im Feuchtgebiet Nestos-Delta konnten bisher 17 Reptilienarten nachgewiesen werden. Weitere 9 Arten leben in den nördlich angrenzenden Bergregionen. In den Hohen Rhodopen kommen sogar etliche mitteleuropäische Elemente hinzu, wie die erst kürzlich in Griechenland gefundene **Kreuzotter** (*Vipera berus*) und die **Zauneidechse** (*Lacerta agilis*).

Zwei Land- und zwei Wasserschildkrötenarten können in allen Bereichen des Nestos beobachtet werden. Selten werden an den Stränden des Deltas auch Meeresschildkröten wie die sich an Mittelmeerständen fortpflanzende **Unechte Karettschildkröte** (*Caretta caretta*) gesichtet oder tot angespült.

Bild links: Maurische Landschildkröte

Bild oben: Würfelnatter frißt Seefrosch

Schildkröten, Relikte aus der Urzeit

Schildkröten existieren bereits seit 220 Millionen Jahren. Sie haben während dieser langen Zeit ihr Aussehen beinahe unverändert beibehalten. Dies spricht für ihre gute Anpassung an die Umwelt.

Erst in den letzten Jahrzehnten sind viele Arten dieser archaischen Tiergruppe durch den Menschen an den Rand der Ausrottung gedrängt worden. Dies gilt mit Einschränkungen auch für die vier im Nestos-Delta vorkommenden Arten.

Als Haustier waren vor allem die Landschildkröten beliebt: Die **Griechische Landschildkröte** (*Testado hermanni*) und die **Maurische Landschildkröte** (*Testado graeca*).

Bis zum Ende der 70er Jahre wurden jedes Jahr zehntausende nach Deutschland eingeführt. Bereits auf dem Transport in Eisenbahnwaggons, in die sie häufig mit Mistgabeln eingeladen wurden, starben unzählige Tiere. Den Überlebenden stand kein besseres Schicksal bevor. Sie siechten bei meist unsachgemäßer Haltung dahin und starben im

Winterschlaf. Statistiken belegen, daß über 90 % der importierten Landschildkröten bereits im ersten Jahr verendeten. Neue Artenschutzbestimmungen haben jetzt diesen Raubbau gestoppt, und die griechischen Behörden bestrafen ertappte Touristen hart.

Im Nestos-Delta trifft man beide Landschildkrötenarten noch erfreulich häufig an. Die Griechische Landschildkröte erkennt man an dem hornigen Endnagel auf dem Schwanz, dem meist geteilten Schild direkt über dem Schwanz und den schmalen Wirbelschildern. Die Maurische Landschildkröte hat hingegen hornige Nägel auf den Schenkeln, ein meist ungeteiltes Oberschwanzschild und breite Wirbelschilder.

Feinde der Reptilien sind u. a. (Bild oben) Vogelarten wie der Weißstorch, hier mit Würfelnatter, sowie der Straßenverkehr (Bild rechts zeigt eine überfahrene Landschilkröte)

Kämpfende Springnattern

Während die Maurische Landschildkröte eher die Auwaldbereiche bevorzugt, findet man die Griechische Landschildkröte häufiger in den Dünen. Beide Arten kann man aber auch nebeneinander im gleichen Lebensraum antreffen.

Obwohl sie sich hauptsächlich von Pflanzen ernähren, fressen sie gelegentlich auch tierische Nahrung, Aas oder gar Säugerkot.

Natürliche Feinde der Landschildkröten wie Schakal und Wildkatze sind vor allem den Gelegen und den frisch geschlüpften Jungen gefährlich. Adulte Tiere sind aufgrund ihres stabilen Panzers weit weniger häufig Beute von Räubern. Dies erklärt, warum man meist größere Tiere ab 12 - 15 cm Länge antrifft. Junge Schildkröten führen in ihren ersten Lebensjahren ein eher verstecktes Leben.

Es ist bekannt, daß einige Greifvogelarten sich richtiggehend auf das Knakken von Schildkröten spezialisiert haben. **Schmutzgeier** (*Neophron percnopterus*) können mit ihrem scharfen Schabel Schildkröten vom Nacken her öffnen. **Steinadler** (*Aquila chrysaetos*) und **Bartgeier** (*Gyaetus barbatus*) hingegen steigen mit Schildkröten auf und lassen sie dann mehr oder weniger gezielt auf Felsen fallen, wo sie zerschellen

und der Greifvogel an den Inhalt des Panzers gelangt.

Wohl auf dieser Tatsache beruht die Überlieferung, daß der berühmte Tragödiendichter Äschylos (525-456 v.Chr.) durch eine Schildkröte zu Tode gekommen ist, die ihm auf den Kopf gefallen sei. Andere Quellen sprechen von einem großen Knochen, der ihn erschlagen haben soll. Dies spräche für den **Bartgeier**, der sich hauptsächlich von Knochen ernährt und große Knochen auf diese Weise zertrümmert.

Doch die meisten Gefahren drohen den Schildkröten vom Menschen. Ähnlich wie Igel werden die Panzertiere in großer Zahl überfahren. Aber vor allem die von Hirten vorwiegend im Spätsommer gelegten Feuer, die den Aufwuchs von frischem Futtergras bewirken sollen, dezimieren die Bestände der Landschildkröten.

Von oben nach unten: Europ. Sumpfschildkröte, Kaspische Wasserschildkröten, junge Riesensmaragdeidechse und Leopardnatter

Erfreulich ist das noch häufige Vorkommen von zwei Sumpf- bzw. Wasserschildkrötenarten: der **Europäischen Sumpfschildkröte**n (*Emys orbicularis*) und der **Maurischen Wasserschildkröte** (*Mauremys caspica*). Beide kommen etwa gleich häufig in fast allen stehenden oder langsam fließenden Gewässern und in brackigen Lagunen vor. Wichtig für sie ist das Vorhandensein von ausreichend Nahrung sowie geeigneten Plätzen zum Sonnenbad. Dazu gehören sonnenexponierte Ufer oder aber im Wasser liegende Zweige und Baumstümpfe. Ihre Nahrung besteht vorwiegend aus Amphibien, kleinen, kranken Fischen, Wasserinsekten aber auch Aas und organischem Schlamm.

Die Unterscheidung der Arten ist recht einfach: die Europäische Sumpfschildkröte hat einen gerundeten Rückenpanzer ohne Kiele. Am dunklen Hals und auf dem Rückenpanzer befinden sich auffallende gelbe Punkte. Die Kaspische Wasserschildkröte hingegen hat drei leichte Kiele auf ihrem Panzer. Sie ist zudem flacher und der dunkle Hals zeigt deutliche weiße Längsstreifen.

Gefahren drohen vorwiegend den Jungtieren oder Gelegen, wobei Fischotter, Raubfische, Schlangen und für die Gelege eine Vielzahl weiterer Feinde in Betracht kommen. Adulte Tiere kommen häufig in Fischreusen um, wenn die Gewässer befischt werden wie beispielsweise der Mitrikou-See und der Vistonis-See. In den Be- und Entwässerungskanälen werden sie oft verfolgt, da sie beim Abpumpen von Wasser für die Bewässerung der Felder die Ansaugstutzen verstopfen.

Von oben nach unten: Zwei verschiedene Varietäten der Ringelnatter, Katzennatter, Würfelnatter und Europ. Halbfinger

Eidechsen

Weitere häufige Reptilien im Delta sind verschiedene Eidechsenarten: die **Smaragdeidechse** (*Lacerta viridis*), deren Männchen auffallend groß sind und eine smaragdgrüne Färbung mit leuchtend blauer Kehle haben. Im Bergland kommt zusätzlich noch die **Riesensmaragdeidechse** (*Lacerta trilineata*) vor, die noch größer wird und deren Männchen meist eine gelbe Kehle haben. Die allgegenwärtige **Taurische Mauereidechse** (*Podarcis taurica*) lebt im Tiefland und wird ebenso in höheren Lagen ergänzt durch eine zweite Art, die **Ägäische Mauereidechse** (*P. erhardii*).

Schleichen

Der **Scheltopusik** (*Ophisaurus apodus*), wissenschaftlich der "Fußlose" genannt, ist ein Eidechsenverwandter aus der Familie der Schleichen. Er wird bis zu 120 cm lang und hat keine äußerlich sichtbaren Beine. Dieses Reptil liebt trockene Biotope am Auwaldrand, wo man es morgens in der Sonne liegend sehen kann. Auffällig sind die Längsfurchen am Körper. Mit seinem dunkelbraun-gelbbraunen Körper kann man den Scheltopusik leicht für eine Schlange halten, weswegen er auch leider häufig verfolgt wird. Auf glattem Untergrund, z. B. einer Asphaltstraße, ist er ziemlich unbeholfen und langsam, da ihm die vergrößerten, aufstellbaren Bauchschilde, wie sie die Schlangen haben, zum Laufen fehlen. Im Gebüsch ist er hingegen sehr wendig. Dieses völlig harmlose Tier, es hat nicht einmal richtige Zähne, ernährt sich vorwiegend von Schnecken, Insekten und Mäusen sowie jungen Eidechsen.

In den Bergen, am Rand des Deltas, lebt auch die bei uns vorkommende kleine Verwandte des Scheltopusiks, die **Blindschleiche** (*Anguis fragilis*).

Geckos

An die Nähe des Menschen angepaßt haben sich der **Ägäische Nacktfinger** (*Cyrtodactylus kotschyi*) und der **Europäische Halbfinger** (*Hemidactylus turcicus*), die an Hauswänden, Gärten und Legesteinmauern vorkommen und auch am Tage beobachtet werden können. Geckos gehören zu den Eidechsen und sind eine weltweit verbreitete Familie mit über 700 Arten. Sie haben eine senkrechte Pupille und werfen nach Eidechsenmanier beim Ergreifen sehr leicht den Schwanz ab. Diese Selbstverstümmelung, auch Autotomie genannt, soll Feinde auf das noch zuckende Schwanzteil ablenken.

Schlangen

Zu den Schlangen ist einführend zu bemerken, daß im Tieflandbereich keine für den Menschen gefährliche Art vorkommt. Erst in der Vorbergzone und an den trockenen Macchia-Standorten lebt die stark giftige **Sandotter** (*Vipera ammodytes*). Diese hübsch gezeichnete Schlange mit einem Zickzack-Rückenmuster hat ein deutlich aufgeworfenes Schnauzenhorn, was ihr ein gefährliches Aussehen verleiht. Eigentlich ist es eine träge Schlange. Gerade dies kann sie jedoch gefährlich machen, da sie auf ihre Tarnung vertrauend erst im letzten Moment flieht. Hohe, feste Schuhe und ein kräftiges Auftreten in unwegsamem Gelände dürften aber ein Zusammentreffen mit dieser Schlange verhindern.

Meist in Wassernähe und im Auwald leben **Ringelnatter** (*Natrix natrix*) und **Würfelnatter** (*Natrix tesselata*). Sie leben vorwiegend von Fröschen und kleinen Fischen, wogegen die pfeilschnelle **Springnatter** (*Coluber caspicus*) mehr auf den Feldern und Wegen anzutreffen ist und hauptsächlich kleine Nager, Eidechsen und Vögel frißt. Auffallend ist die rötlich-orangefarbene Unterseite und der entsprechend gefärbte Kopfbereich. Diese Schlange wird sehr groß - sie erreicht eine Länge von über 2 m. In gebüschreichen Biotopen lebt die sehr scheue **Eidechsennatter** (*Malpolon monspessulanus*). Normalerweise flieht diese Schlange bereits vor dem Menschen, wenn dieser noch 30 bis 40 m entfernt ist. Wird sie jedoch in die Enge getrieben oder gar ergriffen, beißt sie sofort um sich. Dabei kann sie unter Umständen auch die weit hinten im Kiefer liegenden Giftzähne einsetzen. Ihr Gift wird dem Menschen zwar nicht gefährlich, sollten jedoch Atembeschwerden und Sehstörungen auftreten, ist unbedingt ein Arzt aufzusuchen.

Die **Vierstreifennatter** (*Elaphe quatuorlineata*) hingegen ist eine außerordentlich friedfertige Schlange, die man nur schwer zum Beißen provozieren kann und die sich auf ihre gute Tarnfärbung verläßt. Im Gebiet kommt die nicht längsgestreifte Unterart (*E. q. sauromates*) vor, die dunkle Querbinden auf gelblichem Untergrund hat.

Die **Äskulapnatter** (*Elaphe longissima*) ist eine große, aber recht seltene Kletterschlange, die im Auwald und anderen deckungsreichen Stellen lebt. Sie war den "Alten Griechen" heilig und symbolisierte den Gott der Gesundheit Asklepius, den Heilgott, der eines seiner Hauptheiligtümer in Epidaurus auf dem Peleponnes hatte. Dort wurden in einem geschlossenen Gebäude viele dieser gewandten ungiftigen Schlangen gehalten.

Vorwiegend in den angrenzenden Hanglagen und den Rhodopen kommen weitere Arten vor, wie die lebendgebärende **Schlingnatter** (*Coronella austriaca*) und die **Westliche Sandboa** (*Eryx jaculus*), die als einziger europäischer Vertreter der Riesenschlangen nur maximal 80 cm lang wird und sehr selten ist. Als schönste Schlange wird immer wieder die vorwiegend dämmerungsaktive **Leopardnatter** (*Elaphe situla*) beschrieben.

Hinweise für den Umgang mit Schlangen und Schildkröten

Da in Nordgriechenland eine größere Zahl von Schlangenarten vorkommt, die zum Teil auch in verschiedenen Farbvarianten auftreten, sollten Sie vorsichtshalber gar keine Schlangen ergreifen. Es könnte doch einmal eine bissige oder giftige Art mit einer harmlosen verwechselt werden. Antiserum ist nur schwer erhältlich.

Schildkröten reagieren auf das Hochheben oder Umdrehen auf den Rücken sehr empfindlich. Betrachten Sie bitte diese Tiere aus einer ausreichenden Entfernung.

Amphibien

Amphibien sind eine wichtige Nahrung für andere Tiere. Nicht nur der vielbesungene Klapperstorch, auch Reiher, Kraniche, Greifvögel und Fischotter bedienen sich des reichen Angebotes. Aber Amphibien sind auch wichtige Schädlingsvertilger. So fressen sowohl die im Wasser lebenden Molchlarven als auch die ausgewachsenen Lurche große Mengen an Insekten.

Im Nestos-Delta kommen acht verschiedene Amphibienarten vor (zwei Molch-, zwei Frosch-, drei Kröten- und eine Baumfroschart): Drei weitere Arten leben in den angrenzenden Bergregionen. Die mit Abstand häufigste und größte Art ist der **Seefrosch** (*Rana ridibunda*), der durch sein lautes Keckern aus allen Gräben, Tümpeln und dem Auwald am Fluß auf sich aufmerksam macht.

Schon der antike Aristophanes schrieb ihm 405 v. Chr. eine Komödie auf den grünbraunen Leib: "Brekekekes koax koax, brekekekes koax koax! Kinder der Wasser, im Sumpf zu Haus, laßt zur Flöte des Festsangs Braus hell uns tönen, mein wonnig Lied: koax, koax wie für Dionysos ..."

Vor allem auch an den kleinen Seen nördlich von Hrysoupolis sind Seefrösche ununterbrochen lautstark zu hören, wenn sie auf den Seerosenblättern sit-

zend mit den Nachbarn wetteifern. Der Seefrosch hält es erstaunlicherweise auch noch in ziemlich brackigem Wasser aus, so an den Lagunenrändern, wo etwas Süßwasser hineinfließt.

Der meist grasgrün gefärbte **Europäische Laubfrosch** (*Hyla arborea*) kommt überall in Griechenland vor. Er bewohnt vor allem die feuchten Auwälder und singt von früh bis spät in den Herbst hinein. Dank seiner wie Saugnäpfe funktionierenden Haftballen an den Fingern und Zehenspitzen klettert er ausgezeichnet. Man hört ihn oft aus den höchsten Baumkronen rufen. Der Laubfrosch sitzt gerne eng an den Untergrund, an Halmen oder Blättern angeschmiegt, in der Sonne. Gelegentlich treten auch blaue Laubfrösche auf. Diesen fehlt der gelbe Farbstoff in der Haut, der zusammen mit dem blauen Pigment die grasgrüne Farbe verursacht.

Bild linke Seite: Seefrosch

Bild oben: Erdkröte

Bild Mitte: Kaulquappe der Syrischen Schaufelkröte

Bild unten: Klammerpaar der Wechselkröte

Auch können Laubfrösche die Körperfarbe relativ schnell an den jeweiligen Untergrund anpassen. Sie ernähren sich vorwiegend von Insekten, die im Sprung erbeutet werden.

Auf den Auwald beschränkt ist der **Springfrosch** (*Rana dalmatina*), der sich durch seine außerordentlich weiten Sprünge (2 Meter und mehr) auszeich-

Arten	Nestos-Aue	Lagunen	LWS-Siedlungen	Feuchtgebiete	Bergland
Feuersalamander					*
Teichmolch	*			*	*
Kammolch	*		*	?	*
Rotbauchunke					?
Gelbbauchunke					*
Laubfrosch	*	*	*	*	*
Seefrosch	*	*	*	*	*
Springfrosch	*		*	*	*
Griechischer Frosch					*
Erdkröte	*	*	*	*	*
Wechselkröte	*	*	*	*	*
Syr. Schaufelkröte	*	*		*	?
Arten insges. (12)	8	5	6	7	10

net. Es ist der einzige Braunfrosch des Tieflandes. Seine extrem langen, dunkel gebänderten Hinterbeine, die rötlichbraune Körperfarbe sowie die ungezeichnete Kehle unterscheiden ihn von dem nur in den Berglagen über 300 m vorkommenden **Griechischen Frosch** (*Rana graeca*). Letzterer hat eine dunkel marmorierte Kehlzeichnung und lebt mit Vorliebe in kühlen Quellwässern.

Die **Erdkröte** (*Bufo bufo spinosus*) ist am Nestos ziemlich selten. Sie ist durch eine besonders große Unterart mit sehr stachelig-warziger Haut vertreten. Die **Wechselkröte** oder **Grüne Kröte** (*Bufo viridis*) ist weit verbreitet und bevorzugt trockene Biotope, selbst Sanddünen.

Die **Syrische Schaufelkröte** (*Pelobates syriacus*) ähnelt der mitteleuropäischen **Knoblauchkröte** (*Pelobatus fuscus*) und hat eine außerordentlich versteckte, nächtliche Lebensweise. Nur zur Laichzeit ist sie auch tagsüber anzutreffen. Die Kaulquappen werden bis zu 16 cm groß und überwintern gelegentlich im Laichgewässer.

Molche kommen im Tiefland nur selten vor, da geeignete Laichgewässer im Zuge der zunehmenden Intensivierung der Landwirtschaft trockengelegt wurden. Vereinzelt sind **Kammolch** (*Triturus cristatus*) und **Teichmolch** (*Triturus vulgaris*) in kleineren Tümpeln anzutreffen. In den angrenzenden Hanglagen wird fast jede Quelle oder Viehtränke von **Gelbbauchunken** (*Bombina variegata*) bewohnt. Hier findet man auch regelmäßig die Larven des **Feuersalamanders** (*Salamandra salamandra*).

Die Tabelle soll einen Überblick über die Amphibienarten und ihre Verbreitung im Nestos-Gebiet geben

Fische

Die Fischfauna des Nestos-Deltas ist sehr artenreich. Hier soll nur kurz auf diese noch recht unerforschte Gruppe eingegangen werden.

Da heute während mehrerer Monate im Sommer der Nestos wegen der Entnahme von Wasser austrocknet, ist die Fischfauna des Flusses sehr stark gestört. Betroffen sind vor allem wandernde Arten. Nur kleinere Fischarten können in den zahlreichen Tümpeln im Flußbett oder in den Restrinnsalen überleben. Am Nestos kommen noch genau die Arten vor, die in der Bundesrepublik, in Österreich und in der Schweiz mit kostspieligen Renaturierungsprogrammen wieder heimisch gemacht werden sollen: **Bitterling**, **Moderlieschen**, **Steinbeißer**, **Gründling** und andere.

In den Seen bei Hrysoupolis schwimmen vor allem **Rotfeder**, **Karpfen** und **Goldfisch**, die auch beangelt werden. Die Brackwasserbereiche und das Gefüge von Meer und Lagunen sowie der Mischungsbereich in der Mündung sind wichtige Laichgründe und Kinderstuben vieler mariner Fischarten wie **Wolfsbarsch** und **Seezunge**.

In den Lagunen werden heute vorwiegend **Meeräschen** (fünf schwer zu unterscheidende Arten) und **Aale** angetroffen. Eine interessante Fischart ist der aus Amerika zur Bekämpfung der Stechmückenplage eingeführte, lebendgebärende **Koboldkärpfling** (*Gambusia affinis*). Dieser kleine, sowohl im Süßwasser als auch im Brackwasser lebende Fisch frißt große Mengen an Mückenlarven, braucht aber relativ hohe Wassertemperaturen. Leider verdrängt dieser mittlerweile im ganzen Mittelmeerraum heimisch gewordene Amerikaner andere, hier natürlicherweise vorkommende Kleinfische.

Liste der Fischarten

Fische im Nestos

Gründling (*Gobio gobio bulgaricus*)
Grundel (*Pomatoschistus microps*)
Bitterling (*Rhodeus sericeus amarus*)
Moderlieschen (*Leucaspius delineatus*)
Döbel (*Leuciscus cephalus macedonicus*)
Schneider (*Alburnoides bipunctatus strymonicus*)
Finte (*Alosa fallax nitolica*)
Türkische Barbe (*Barbus barbus macedonicus*)*)
Schleie (*Tinca tinca*)
Steinbeißer (*Cobitis taenia*)

Fische der Seen

Rotfeder (Scardinius erythropthalmus)*)
Karpfen (*Cyprinus carpio*)*)
Goldfisch (*Carassius auratus*)

Fische der Lagunen

Aal (*Anguilla anguilla*)*)
Wolfsbarsch (*Morone labrax*)*)
Goldäsche (*Mugil auratus*)*)
Dünnlippige Meeräsche (*Mugil capito*)*)
Gewöhnliche Meeräsche (*Mugil cephalus*)*)
Großlippige Meeräsche (*Mugil chelo*)*)
Marmorbrasse (*Pagellus mormyrus*)*)
Flunder (*Pleuronectes flesus*)*)
*Pomatomus saltator**)
Seezunge (*Solea solea*)*)
Goldbrasse (*Sparus auratus*)*)
Sardine (*Clupea pilchardus*)*)
Koboldkärpfling (*Gambusia affinis*)
Zebrakärpfling (*Aphanius fasciatus*)

*) wirtschaftlich wichtige Arten

Insekten und andere Wirbellose

Im Gegensatz zu den Wirbeltieren ist über die sogenannten Wirbellosen, hierzu zählen Insekten, Spinnen, Weichtiere, Würmer etc., noch wenig bekannt. Lediglich die Tagschmetterlinge, Käfer, Libellen und die Heuschrecken sind teilweise untersucht worden; alle anderen Tiergruppen sind weitgehend unerforscht.

Schmetterlinge

Bei den Tagfaltern fällt die große Artenfülle und Häufigkeit auf, mit der hier am Nestos viele Arten vorkommen, die in Mitteleuropa schon sehr selten geworden oder sogar ausgestorben sind. Charakterarten des Auwaldes sind **Trauermantel** (*Nymphalis antiopa*) und zwei **Osterluzei-Falter** (*Allancastria cerisyi* & *Zerynthia polyxena*). **Schwalbenschwanz** (*Papilio machaon*) und **Segelfalter** (*Iphiclides podalirius*) flattern auch in den Gärten und Parks häufig umher. Besonders interessant für Tagfalter sind die Wegränder mit ihren blütenreichen Stauden und Gebüschen. Der blühende **Zwergholunder** (*Sambucus ebulus*) zieht beispielsweise viele **Perlmutt**- und **Scheckenfalter** an. Die blumenreichen Binnendünen sind sowohl für Schmetterlinge als auch für **Heuschrecken** ein wahres Paradies.

Viele **Bläulinge**, **Dukatenfalter** und **Scheckenfalter** besiedeln auch die trockenen, offenen Flußinseln und Auwaldlichtungen. Die zugigen Dünen und Salzmarschen hingegen werden von den meisten Faltern gemieden.

Die **Nachtfalter** sind weitgehend unerforscht, lediglich einige **Schwärmer**, z.B. der **Linienschwärmer** (*Celerio lineata livornica*) und das **Große Wiener Nachtpfauenauge** (*Saturnia pyri*), der größte europäische Schmetterling, wurden bisher festgestellt.

Libellen

An den Flußarmen und stillen Altwässern gaukeln Scharen von **Prachtlibellen** (*Calopteryx spec.*) in der Sonne. Großlibellen wie die **Königslibelle** (*Anax imperator*), die **Feuerlibelle** (*Crocothemis erythraea*) oder die rote **Heidelibelle** (*Sympetrum spec.*) jagen auf den Waldlichtungen und an trockenen Waldrändern nach fliegender Beute.

Die Larven der Libellen leben in kleinen Dauergewässern im Auwald, auch in Gräben und Tümpeln; einige Arten brauchen zwei Jahre zur Entwicklung, bis die Larve an einem Halm aus dem Wasser herausklettert und die fertige Libelle ausschlüpft.

Heuschrecken

Die Heuschrecken sind eine große Tiergruppe, die sich rein äußerlich leicht in die **Langfühlerschrecken** (**Grillen**) und die **Kurzfühlerschrecken** untergliedern lassen. Die meisten Arten sind Pflanzenfresser, einige ernähren sich jedoch weitgehend von tierischer Nahrung. Ein besonderer Artenreichtum wurde im Bereich der Binnendünen, des Mündungsmosaikes und am Rand der Brackwasserflächen gefunden. Einzelne Arten werden hier nicht vorgestellt, da die meisten nur einen wissenschaftlichen Namen haben.

Strandgut: Muscheln und Schnecken

Das Nestos-Delta mit seinen weiten Sandstränden zeichnet sich auch durch eine außerordentlich reichhaltige "Strandgutfauna" aus. Diese besteht aus Muscheln, Wasserschnecken, Krabben etc. aus. Eine Liste der vorkommenden Arten wird derzeit erstellt und ist im Naturschutzzentrum der EPO in Hrysoupolis einsehbar.

Bild links außen: Bärenspinner

Bild links: Prachtlibelle

Bild rechts: Fangschrecke

Reise-
information

Hinweise und Tips für einen Nestos-Besuch

Ungefähr 2.000 km Fahr- oder Flugstrecke liegen zwischen dem Süden Deutschlands und dem Nestos-Delta in Nordost-Griechenland. Gestaltete sich eine Reise nach Griechenland bis vor einigen Jahren noch ziemlich kompliziert, ist ein Besuch heute relativ einfach geworden. Es ist dennoch empfehlenswert, die Reise gut vorzubereiten.

Anreise...

Bundesbürger benötigen für Griechenland kein Visum. Ein gültiger Personalausweis und die grüne Versicherungskarte für das Auto genügen. Bei der Anfahrt durch Jugoslawien empfiehlt sich jedoch immer noch die Mitnahme eines Reisepasses.

Die zulässige Aufenthaltsdauer in Griechenland beträgt sechs Monate. Bei längerem Aufenthalt muß ein Gesuch bei der Ausländerpolizei in Athen eingereicht werden.

Es empfiehlt sich, Geld in Griechenland zu tauschen, da der Kurs dort wesentlich günstiger ist. Neben Bargeld nehmen (fast) alle Banken Euroschecks und Traveller-Schecks an. Kreditkarten hingegen werden nur selten akzeptiert.

... mit dem PKW

Von Deutschland aus gibt es zwei Anfahrtsstrecken, wobei die Anfahrt über Italien länger ist. Beim Grenzübertritt wird das Auto in den Paß eingetragen und muß deshalb auf jeden Fall wieder ausgeführt werden. Wer mit dem Personalausweis einreist, bekommt für sein Auto nur eine einmonatige Aufenthaltserlaubnis. Wenn Sie von Griechenland aus ohne Pkw das Land verlassen möchten (z. B. Schiffs- oder Flugreise in die Türkei oder Ägypten), müssen Sie Ihr Fahrzeug beim Zoll versiegeln lassen.

Über Kroatien und Serbien

Von Deutschland aus geht die Fahrt über die Autobahn München-Salzburg (A8) nach Österreich, dort zeitweise über Landstraßen zum Grenzübergang Spielfeld. Die Alternative hierzu ist die Tauernautobahn bis Klagenfurt und von dort aus über den steilen Loiblpaß und Ljubljana nach Zagreb. Durch Kroatien über Maribor oder Ljubljana und Zagreb, durch Serbien über Belgrad, Niš zum Grenzübergang Gevgelija / Evzoni (E 70). Die Strecke ist teilweise als Autobahn ausgebaut.

In Griechenland nimmt man die Strecke über Thessaloniki und Kavala nach Hrysoupolis (E 90). Mautgebühren müssen in Österreich und in Jugoslawien für Teile der Autobahnen gezahlt werden. Die einfache Streckenlänge beträgt von München aus knapp 2.000 km.

Auf den Strecken durch Serbien und Koratien muß mit zum Teil starkem Schwerlastverkehr und dadurch bedingten riskanten Überholmanövern gerechnet werden. Ferner kann es im Sommer häufig zu Staus kommen. Beachten Sie bitte die jeweils geltenden strikten Geschwindigkeitsbegrenzungen. Die Strafen für zu schnelles Fahren sind hoch.

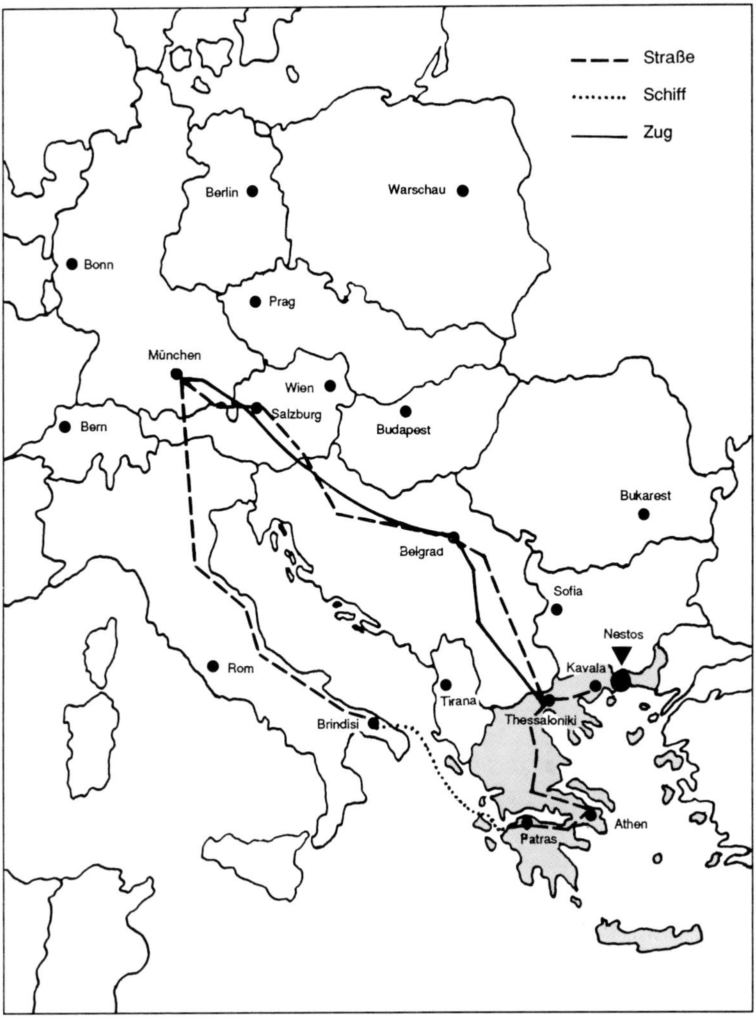

...über Italien

Über die Brenner-Autobahn bzw. den Gotthardtunnel fährt man bis nach Brindisi. Dort benutzt man die Fähre nach Patras bzw. Igumenitza. Von Patras aus geht die Fahrt nach Nordgriechenland über Thessaloniki und Kavala nach Hrysoupolis. In der Hochsaison ist es auf jeden Fall notwendig, die Fähre vorzureservieren. Die Preise für die Fähre sind stark saisonabhängig. Ein PKW mit maximal 4,25 m Länge kostet in der Hoch-

Weißstörche ziehen im Herbst in großer Zahl durch Nordost-Griechenland. Nicht selten sind Trupps von 200 und mehr Tieren zu beobachten

saison DM 125,-- (einfacher Fahrpreis), ein Liegesessel DM 160,-- pro Person, ein Pullmanbett DM 190,-- und eine Außenkabine bis zu DM 500,--. Die Überfahrt von Brindisi dauert circa 17 Stunden. Außer von Brindisi fahren noch von mehreren anderen italienischen Städten Fähren nach Patras bzw. Igumenitza, so u.a. von Ancona. 36 Stunden dauert die Fahrt von Ancona nach Patras. Anfahrtshinweise gibt Ihnen gerne auch der VCD (Verkehrsclub Deutschland, Kalkuhlstraße 24, 5300 Bonn 3).

...mit der Eisenbahn

Von Deutschland aus bietet sich hier die Strecke des Orientexpresses an (München - Budapest - Belgrad - Thessaloniki). Endstation ist der Bahnhof Toxotes (18 km von Hrysoupolis entfernt). Der Nachtzug fährt in München um 19.29 Uhr ab und kommt am nächsten Tag um 23.25 Uhr in Thessaloniki an. Ab Zagreb können hierfür auf Wunsch Schlafwagen reserviert werden. Besonders in der Hochsaison empfiehlt sich eine Platzreservierung. Die Züge sind häufig überfüllt, und mit Verspätungen muß gerechnet werden. Für junge Leute (bis 26) bietet sich das Interrail-Ticket der Bahn an, das freie Fahrt in 20 europäischen Ländern ermöglicht. Es kostet DM 510,-, die Überfahrt Brindisi - Patras ist im Preis inbegriffen.

...mit dem Bus

Der Europabus bietet neben dem Flug die schnellste Möglichkeit, nach Griechenland zu kommen. Außerdem ist es die kostengünstigste Reiseform. Die Fahrtroute geht über Stuttgart/München - Belgrad - Thessaloniki. Jeweils dienstags, donnerstags und samstags fahren um 20.00 Uhr in München Busse ab, die am nächsten Abend um 23.30 Uhr in Thessaloniki ankommen.

Der Preis beträgt DM 273,-- für die Hin- und Rückfahrt (Sommer 1989). Studenten und Schüler bis 26 Jahre erhalten 10 % Ermäßigung. Allerdings ist diese Art der Fahrt sehr anstrengend, es werden nur kurze Pausen eingelegt.

...mit dem Flugzeug

Die Deutsche Lufthansa und Olympic Airways fliegen von vielen deutschen Flughäfen Thessaloniki oder Athen an. Die Flugpreise liegen zwischen DM 775,-- und DM 900,--, sofern der Flug mindestens ein Wochenende einschließt. Bitte beachten Sie, daß ein Charterflug häufig viel günstiger zu bekommen ist, als die Spar- bzw. Supersparterife der Liniengesellschaften. Im Sommerfahrplan werden u.a. folgende Flüge angeboten:

München - Thessaloniki
täglich 12.35 - 15.35
Stuttgart - Thessaloniki
täglich 12.50 - 15.50
Frankfurt - Thessaloniki
täglich 9.30 - 13.00
Frankf./Düsseld./München - Kavala
bitte im Reisebüro nachfragen.

Von Thessaloniki verkehren fast stündlich vom Busbahnhof aus Reisebusse nach Kavala, dort umsteigen nach Hrysoupolis.

Die Flugverbindungen nach Athen sind ebenfalls gut. Sie sind in jedem Reisebüro zu erfragen. Von Athen können Sie für DM 120.-- (einfache Strecke) einen Flug nach Kavala buchen. Diese Flüge können von jedem deutschen Reisebüro gebucht werden. Verspätungen und Flugausfälle sind allerdings an der Tagesordnung. In diesem Fall müssen Sie auf den Flugplatz von Thessaloniki ausweichen oder mit Bus, Taxi oder

Bild unten: Schwarzstorch

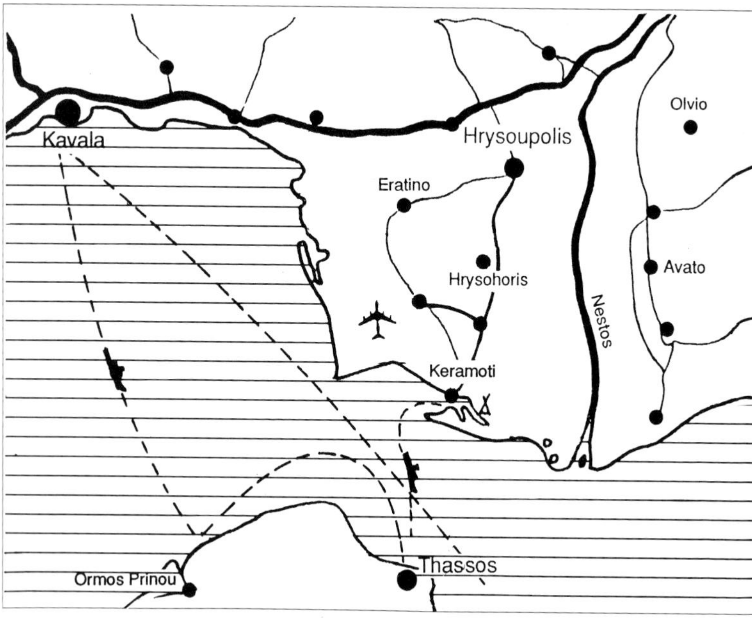

Eisenbahn weiterreisen. Bitte beachten Sie bei allen Zeitangaben: In Griechenland herrscht die osteuropäsche Zeit, d. h. eine Stunde Zeitverschiebung vor der mitteleuropäischen Zeit.

Mietfahrzeuge in Griechenland

Mopeds und Autos können in Kavala gemietet werden. Die Preise für Mietwagen sind relativ hoch. Wenn Sie etwas handeln, können Sie einen Kleinwagen ohne Kilometerbegrenzung ab DM 500,-- bis DM 600,-- pro Woche mieten.

Reisezeit

Griechenland hat als Mittelmeerland einen sehr heißen Sommer. Temperaturen von über 40 Grad im Schatten sind durchaus normal. Gleichzeitig fällt den ganzen Sommer, mit Ausnahme vereinzelter Gewitter, fast kein Regen.

Eine Reise im Frühjahr oder im Herbst bietet neben den angenehmeren Temperaturen gleichzeitig niedrigere Preise und weniger Touristen. Das Frühjahr ist durch das überwältigende Blütenmeer ohnehin die schönste Reisezeit.

Der Winter ist in der Nestos-Region sehr schön, aber temperaturmäßig nicht kalkulierbar. Möglich sind in dieser Zeit sowohl leidlich angenehme Temperaturen und sonnenreiche Tage, als auch deutliche Minusgrade und Schneefall. Dafür treffen Sie kaum auf andere Touristen, und die Preise sind so niedrig wie zu keiner anderen Jahreszeit.

Unterkunft in Griechenland

In Hrysoupolis und Keramoti gibt es einfache Hotels und Pensionen. Hotels, die auch gehobeneren Ansprüchen genügen, finden Sie in Kavala und Xanthi. Campingplätze sind vorhanden, so z.B. in Keramoti am Strand, in Kavala und bei Fanari (östlich des Vistonis-Sees). Wildes Zelten ist in Griechenland strikt verboten. Außerdem bedeutet es fast immer eine Schädigung naturnaher Gebiete.

Das Naturschutzzentrum

Im Zentrum von Hrysoupolis richteten die Stiftung Europäisches Naturerbe und die Griechische Gesellschaft für Naturschutz und ökologische Landesentwicklung (EPO) ein Naturschutzzentrum und Museum ein, das im Juni 1989 eröffnet wurde. Das Museum soll über die Ökologie des Nestos-Gebietes informieren. Die verschiedenen Naturschutzmaßnahmen werden hier koordiniert. Gleichzeitig dient es als Anlaufstelle für Touristen und interessierte Bürger. Sie erhalten hier Auskünfte über mögliche Touren und geführte Exkursionen, in den Sommermonaten auch in deutscher Sprache. Ein Auwald-Naturlehrpfad ist in Vorbereitung.

Adresse:

Naturschutzzentrum
Venizelou 117, P.O. Box 47
GR - 6420 Hrysoupolis
Tel.: 0030/591/2 42 89 oder 2 31 44
(von Deutschland aus)

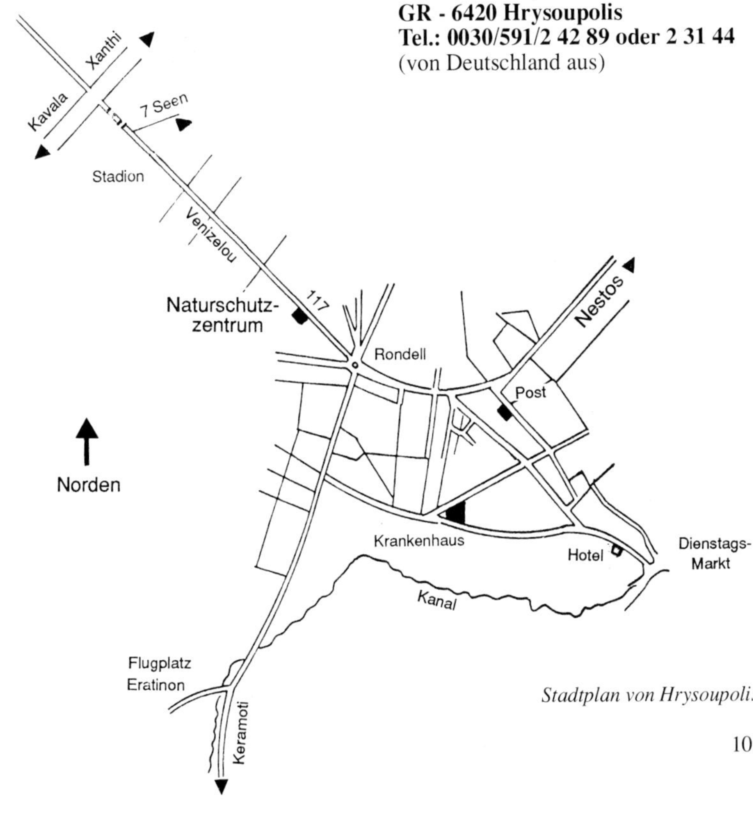

Stadtplan von Hrysoupolis

Touren im Nestos-Bereich

Allgemeine Hinweise

Im folgenden möchten wir Ihnen einige Touren vorschlagen, die Sie unternehmen können, um das Nestos-Gebiet besser kennenzulernen. Wir möchten Sie bei diesen Touren um die Beachtung der untenstehenden Hinweise bitten: Helfen Sie uns beim Schutz und der Erhaltung des Nestos-Gebietes. Verhalten Sie sich umweltfreundlich!

- Lassen Sie das Auto so oft wie möglich stehen. Feinheiten am Wegesrand entdecken Sie besser mit dem Fahrrad oder zu Fuß.
- Lassen Sie keine Abfälle liegen.
- Machen Sie keine Feuer.
- Zelten Sie nicht wild.
- Bleiben Sie auf den Wegen und stören Sie die Tiere nicht.
- Dringen Sie nicht in ungestörte Naturlandschaften ein.
- Respektieren Sie die Gebräuche der Griechen.

Für Ihr Verständnis danken wir Ihnen und wünschen Ihnen nun viel Spaß beim Entdecken des einmaligen Nestos-Gebietes.

Von links: Eleni Daroglou, Vorsitzende der EPO, Claus-Peter Hutter, Präsident der Stiftung und Hans Jerrentrup, Projektleiter vor dem im Juni 1990 eröffneten Naturschutzzentrum in Hrysoupolis

Leider ist dieses Verhalten von Touristen immer wieder zu beobachten. Wir möchten Sie bitten, einen großen Bogen um Vogelnester und -rastplätze zu machen

Tour 1 - Der Nestos-Auwald bei Hrysoupolis

Was es zu sehen gibt: Am westlichen Nestosufer, etwa auf Höhe der Gemeinde Hrysoupolis, existiert noch ein weitgehend natürlicher Weichholzauwald. In der Umgebung des alten Nestos-Cafés finden Sie einen saumartigen Auwald mit einem eindrucksvollen Ausblick auf den Fluß mit seinen vielen Inseln und einen von dichtem Erlenauwald umgebenen alten, verschilften Flußarm. Der Wald ist Jagdschutzgebiet und soll bald Naturschutzgebiet werden.

Besonders eindrucksvoll ist der Besuch in den frühen Morgenstunden. Von April bis Juni erleben Sie ein beeindruckendes Vogelkonzert.

Aus Naturschutzgründen dürfen nicht alle Bereiche der natürlichen Auwälder betreten werden. Dies würde zu viel Störung ins Gebiet bringen. Da sich die Schutzbestrebungen noch in den Anfängen befinden, sollten Sie sich vorsichtig verhalten und nicht auf eigene Faust in den Auwald eindringen.

Ausrüstung: Fahrrad oder Pkw sind empfehlenswert, man kann aber auch vom Naturschutzzentrum aus das Nestos-Café in einem ca. 1 1/4 stündigen Fußmarsch erreichen.

Fahrtroute: Das alte Nestos-Café, von dem aus Sie die Tiere, ohne sie zu stören, beobachten können, erreichen Sie vom Naturschutzzentrum aus, indem Sie in Richtung Innenstadt fahren, dort nach dem Rondell in die zweite Straße nach links abbiegen und dieser bis zu einer Neubausiedlung folgen. Nach dem letzten Haus biegen Sie rechts ab, überqueren den Bewässerungskanal und halten sich wieder rechts. Nach einer Linkskurve fahren Sie circa 1,2 km geradeaus an einer Fasanerie und Baumschule vorbei. Hinter dieser nehmen Sie den ersten Feldweg nach links und fahren bis an den Hochwasserdamm im Pappelforst heran und parken hier.

Am Ziel: Mit etwas Glück können Sie nun vom alten Café aus **Austernfischer**, **Flußseeschwalbe**, **Flußregenpfeifer** und **Seidenreiher** sehen. Im Winter haben Sie die Chance, auf **Seeadler**, **Schreiadler**, **Zwergscharbe** und **Silberreiher** zu treffen. An den trockeneren Stellen halten sich oft **Bienenfresser**, **Triel** und **Blauracke** auf. Zahlreiche **Seefrösche**, **Wasserschildkröten** und **Würfelnattern** leben im Auwald.

Hinweis am Rande: Brennesseln, Brombeeren und Mücken können Ihnen die Freude am Wandern verderben. Schützen Sie sich durch entsprechende feste Kleidung.

Tour 2 - Die Seen von Hrysoupolis

Was es zu sehen gibt: Wenige Kilometer nordöstlich von Hrysoupolis liegen mehrere malerische kleine Seen mit Seerosen und anderen Wasserpflanzen, eingesäumt durch breite Schilfgürtel und kleinparzellierte landwirtschaftliche Nutzflächen.

Ausrüstung: Abgesehen von festen Schuhen ist keine besondere Ausrüstung erforderlich. Wenn es am Vortag stärker geregnet hat, ist besondere Vorsicht auf den Wegen geboten. Die roterdigen Böden dieser Hügellandschaft werden leicht zu einer Rutschbahn für Autos und Fußgänger.

Große Brachvögel gehören zu den durchziehenden Watvögeln

Fahrtroute: Vom Naturschutzzentrum aus fährt man auf der Einfahrtsstraße nach Norden bis zu einem links an der Straße liegenden Stadion. Gegenüber geht rechts ein Schotterweg ab, diesem bitte ca. 1,5 km bis zu einer kleinen Brücke über einem Bewässerungskanal und dann nochmals ca. 1 km folgen. Bei einer Weggabelung (der rechts abgehende Feldweg führt zurück nach Hrysoupolis) links halten und nochmals 300 m dem Weg folgen. Nach einer Rechts- und einer Linkskurve steigt der Weg plötzlich an. Links sieht man den größten der sieben kleinen Seen, der von den Griechen "Aladjagula" (Großer See) genannt wird. Von hier aus geht es zu Fuß weiter. Folgt man dem beschriebenen Weg, kommen Sie nach Überquerung des betonierten Hauptbewässerungskanales zu einem weiteren kleinen, rechter Hand liegenden See, umgeben von Schilf, Feldern und Gebüschen.

Am Ziel: Dieses Gebiet der sieben kleinen Seen ist besonders gut geeignet, in Form eines Spazierganges diese abwechslungsreiche Landschaft zu erkunden und zu genießen. Dabei kann man von seltenen Wasservögeln (**Purpurreiher**, **Moorente**), über verschiedene **Schlangen**, **Schildkröten** und **Frösche** vor allem auch eine sehr vielfältige Flora feststellen. Viele verschiedene Orchideenarten, **Diptam**, **Iris** und seltene Wasserpflanzen wachsen hier wie **Wasserfarn**, **Wassernuß**, **Seerose** etc. Die Kleinvogelfauna enthält viele mediterrane Arten: **Grasmücken**, **Spötter** und **Heckensänger**, aber auch **Rohrsänger** und **Würger**.

Auch hier ist die immer intensiver werdende Landwirtschaft Hauptgegner der Natur: Gelegte Schilfbrände und fehlende Kontrollen erleichtern die Erweiterung und Anlage immer neuer Felder im Bereich der schutzwürdigen Flächen um die Seen. Hier kann man nur noch mit Extensivierung der Landwirtschaft und Flächenaufkauf das Bestehende erhalten - ein wichtiges Ziel des Nestos-Schutzprogrammes.

Hinweis am Rande: Es empfiehlt sich nicht, ins Wasser der Seen zu steigen, die häufigen Blutegel hätten ihre Freude.

Tour 3 - Die Lagunen von Keramoti

Was es zu sehen gibt: Bei dieser Tour können Sie die Schönheit der Lagunen und Dünen mit ihren Schilfflächen und Salzmarschen sowie der reichhaltigen See- und Watvogelwelt kennenlernen. Sie werden allerdings auch mit den aktuellen Naturschutzproblemen wie intensiver Landwirtschaft, Lagunenfischerei, illegalen Ferienhaussiedlungen und der Jagd konfrontiert.

Ausrüstung: Festes Schuhzeug und Fernglas sowie Sonnenschutz sind sinnvoll.

Fahrtroute: Die Lagunen erreichen Sie vom Naturschutzzentrum aus, indem Sie beim Rondell in Richtung Keramoti abbiegen. Am Ortsende von Hrysoupolis biegen Sie scharf nach rechts ab und folgen dem Schild "Eratinon, Airport - 7 km". Am Flughafen vorbei fahren Sie noch zwei Kilometer geradeaus, bis Sie auf die erste Brücke über einen Kanal treffen. Hier biegen Sie rechts in einen Schotterweg ein, der auf 5 km Länge ihr Auto bzw. Fahrrad stark beanspruchen wird. Sie können diesem Weg bis zu einer übrigens illegalen Wochenendsiedlung im kleinen Kiefernforst folgen. Dort lassen Sie Ihr Auto stehen und gehen in Richtung Süden. Auf der einen Seite sehen Sie nun das Meer, auf der anderen eine große Lagune.

Am Ziel: Beim Durchfahren des Ortes Eratinon können sie die Storchennester auf den Telefonmasten bewundern.

1976 waren hier 42 Paare, heute sind es nur noch 15 - 20. Im Unterbau der Nester hausen oft Dutzende von Weidensperlingen, ein koloniebrütender naher Verwandter des Haussperlings, der aber Zugvogel ist.

Schon an den ersten Haltepunkten bei Erreichen der Lagunenzone hat man Gelegenheit, den eleganten **Spornkiebitz**, aber auch **Säbelschnäbler** und **Brachschwalben** zu beobachten. Der kleine Kanal neben dem Weg ist voller **Schildkröten**, **Schlangen** und **Rohrsänger**. Vorne am Strandweg angelangt, sehen Sie **Austernfischer**, **Regenpfeifer** und **Triele**. Typisch ist die Lagunenvegetation mit ihren Halophyten.

Hinweis am Rande: Bitte beschränken Sie sich bei Ihrer Tour auf den vom Menschen geprägten Uferabschnitt und die breite Zufahrtsstraße. Sie verursachen ansonsten erhebliche Störungen.

Tour 4 - Die Nestos-Schlucht

Was es zu sehen gibt: Will man im Urlaub einmal etwas anderes erleben, so ist eine Bahnfahrt entlang des Nestos sehr zu empfehlen. Dabei können Sie problemlos wählen, wie weit und lange Sie auf dieser südlichen Teilstrecke des berühmten Orientexpresses fahren wollen.

Es lohnt sich, von Toxotes aus durch die "Schluchten des Balkan" am Nestos entlang zu fahren und die Schönheit dieser wilden Landschaft zu genießen. Man kann selbst im Vorbeifahren die verschiedenen Vegetationstypen erkennen: Am Nestos der frischgrüne Auwald und die sandigen Flußinseln, etwas oberhalb die oft aus den Felsen herauswachsenden mediterranen Bäume (**Erdbeerbäume**, **Wacholder** und **Feigen**) und dann oberhalb anschließend die balkanischen laubwerfenden Wälder. Auf den Felsen wachsen polsterbildende Pflanzen.

Durch 23 Tunnels in vielen Kurven geht es über Komnina nach Stavroupolis, einem früher größeren Städchen, das heute nur noch einige Hundert Einwoh-

Eisenbahn in der Nestos-Schlucht

Rötelfalken sind noch in einigen Ortschaften Nordost-Griechenlands zu beobachten

ner zählt. Zwischen Stavroupolis und Paranesti (23 km) sieht man den schotterreichen Mittellauf des Nestos mit den kleinflächigen Feldern, und rechts im Hintergrund erhebt sich majestätisch der Hauptkamm der Rhodopen, hier bis annähernd 2000 m hoch. Von Paranesti bis Drama sind es weitere 40 km, wiederum durch Schluchten und Mittelland. Sie verlassen nun den Nestos.

Ausrüstung: Eine besondere Ausrüstung ist nicht erforderlich, eventuell empfiehlt sich die Mitnahme von Verpflegung. Dies ist bei überregionalen Zügen nicht erforderlich, sie haben immer eine Imbiß-Stube. Die lokalen Züge (Triebwagen) haben diesen Luxus nicht.

Fahrtroute: Vom Naturschutzzentrum in Hrysoupolis fahren Sie in nördlicher Richtung zur Nationalstraße (E 90) und biegen dort rechts Richtung Xanthi ab. An der ersten Straßenkreuzung nach der Nestosbrücke biegen Sie links nach Toxotes ab, der Bahnhof befindet sich in der Ortsmitte. Die Entfernung zum Naturschutzzentrum beträgt ca. 18 km. Es empfiehlt sich, zuerst im Naturschutzzentrum den Fahrplan und die voraussichtliche Verspätung zu erfragen. Wenn Sie etwas Zeit haben, so wählen

Sie einen Triebwagen, da diese langsamer fahren und häufiger anhalten. Als Rast- und Umkehrpunkte bieten sich Stavroupolis, Paranesti oder Drama an.

Vom Bahnhof Stavroupolis ist es zu Fuß nicht weit bis zur Straßenbrücke über den Nestos. **Steinadler**, **Graureiher**, **Alpensegler** und **Uhu** sind häufig zu sehen oder zu hören. Im Ort gibt es noch viele eindruckvolle alte Häuser, erbaut im traditionellen Stil der Region.

Blick in die Reiherkolonie von Porto Lagos

BURU SEE
BURU LAKE
(VISTONIS)
FISCHEREI
STATION NORD
BYZANT.
KIRCHE
RODOPIS
XANTHI
XANTHI
E5
PORTO LAGOS
FISCH
FABRIK
E5
KOMOTINI
FISCHEREI
STATION
SUED
DALIANI
N
FISCHEREI
STATION
FANARI
MESSI-
XIROLIMNI
FANARI
AROGI
FISCHEREI
STATION
KARA-
TZA
Porto Lagos
0 0,5 1 1,5 km
©H. JERRENTRUP/G. MUELLER 1983

Weitere naturkundlich interessante Gebiete

1. Porto Lagos - Vistonis-See

An diesem interessanten Lagunensee und den angrenzenden Lagunen können Sie Pelikane, Flamingos, Löffler und andere Lagunenbewohner wie Brachschwalbe und durchziehende Limikolen beobachten. Ein guter Beobachtungsplatz für alle Arten ist der Holzsteg zu einer alten Kirche, die auf einer Insel östlich von Porto Lagos in der Lagune errichtet wurde.

Vom Hafen dieses Ortes aus können Sie eine eindrucksvolle Seiden- und Graureiherkolonie beobachten. Der Zutritt zur Kolonie ist nicht gestattet, der kleine Wald, in dem die Reiher brüten, ist als Schutzgebiet ausgewiesen und wird im Sommer durch Naturschützer bewacht.

Sie erreichen den Vistonis-See und die Lagunen, wenn Sie von Hrysoupolis über Xanthi auf der E 5 nach Komotini fahren. Die einfache Strecke beträgt ca. 60 km. Für kulturell interessierte Besucher lohnt sich auch ein Besuch der oben erwähnten Kirche.

2. Kerkini-See

Dieser aufgestaute See fügt sich so harmonisch in die Umgebung ein, daß man fast nur an der Staumauer seinen künstlichen Ursprung erkennt.

Tierfreunde können zahlreiche Vogelarten, u.a. **Störche**, **Pelikane** und viele **Reiher** entdecken. Botaniker kommen durch seltene Wasserpflanzen wie **Schwimmfarn**, **Seekanne** und **Wassernuß** auf ihre Kosten. Den Kerkini-See erreichen Sie, wenn Sie von Kavala über Serres in Richtung bulgarische Grenze fahren und dann in Richtung Kilkis abbiegen. Die einfache Strecke beträgt 180 km. Auch die Zugstrecke von Xanthi nach Thessaloniki führt am See vorbei.

Ein kleiner Hinweis am Rande: Probieren Sie doch einmal frischen Fisch im Dorf Kerkini gleich neben der Kirche. Während des Essens können Sie die Störche beobachten, die auf dem Kirchturm ihr Nest haben.

3. Die Rhodopen

Das Gebirge der Rhodopen schließt sich nördlich an das Nestos-Delta an. Es überrascht durch seine wilde Landschaft

Bild oben: Schwarzschnabelsturmtaucher sind gelegentlich bei der Überfahrt von Keramoti nach Thassos zu beobachten

Bild rechts: Nachtreiher und Kormorane auf einem abgestorbenen Baum am Kerkini-See

und die ausgedehnten Buchenwälder, die man eigentlich in Griechenland nicht vermutet hätte. Mit einem nicht allzu empfindlichen Auto (die Straßen sind nicht geteert) können Sie auf einigen Stichstraßen von Stavroupolis aus die Rhodopen erkunden.
In den Rhodopen leben noch Bären und Wölfe, aber es gehört sehr viel Glück dazu, diese sehr scheuen Tiere zu sehen.

4. Die Insel Thassos

Thassos ist für eine griechische Insel untypisch, da sie einen hohen Waldanteil aufweist. Dies hat ihr auch den Beinamen "die grüne Insel" eingetragen. Leider hat es 1985, 1986 und 1989 große Waldbrände gegeben, die ca 60 % der Wälder vernichtet haben. Thassos erreichen Sie mit der Fähre von Kavala oder von Keramoti aus. Auf Thassos finden Sie Badestrände, umgeben von Felsen aus Marmor, aber auch alte Dörfchen im Inselinneren, die noch die typischen Bauelemente von früher bewahrt haben.

Ausflüge für kulturell interessierte Besucher

Griechenland, bekannt als Kulturreiseland, bietet natürlich eine Vielzahl kulturell interessanter Ziele. Einige wenige, die in der Nähe des Nestos liegen, sollen hier herausgegriffen werden.

1. Xanthi

Bis zum Anfang dieses Jahrhunderts waren weite Teile Nordost-Griechenlands türkisch besiedelt. Die typischen Bauformen der mazedonisch-thrakischen Häuser, die sich durch ihre Mehrstöckigkeit und durch vorgezogene Flanken und Erker auszeichnen, sind in Xanthi besonders schön zu sehen.

Ein Spaziergang durch die denkmalgeschützte Altstadt von Xanthi entführt Sie für einige Zeit in den Vorderen Orient.

Bild unten: Altes, verfallenes Bauernhaus
Bild rechts: Krauskopfpelikane am Kerkini-Stausee

2. Kavala

Mitten durch die Stadt Kavala zieht sich ein riesiger römischer Aquädukt. Für vogelkundlich Interessierte: An diesem Aquädukt brüten **Fahlsegler** (*Apus pallidus*), die sich von der Altstadt aus sehr gut beobachten lassen.

Über Kavala thront eine mittelalterliche Burg, die Sie besichtigen können. Ferner besitzt Kavala ein archäologisches Museum.

3. Philippi

Hier finden Sie ausgedehnte griechische und römische Ausgrabungen. Im Sommer werden im Amphitheater regelmäßig antike Komödien aufgeführt. Auch ohne Kenntnisse der griechischen Sprache wird eine solche Aufführung ein bleibendes Erlebnis werden.

4. Typische kleine Dörfer

Besonders im Inselinneren von Thassos und im Vorland der Rhodopen finden sich noch typische kleine Dörfer, in denen sich die traditionelle Lebensweise bewahrt hat.

Diese alten Häuser im mazedonisch-thrakischen Stil sind Zeugen einer Jahrhunderte alten Siedlungsgeschichte, die heute wegen der starken Landflucht zu verschwinden drohen.

Gefährdung und Schutzmaßnahmen

Das Nestos-Delta, Paradies ohne Hoffnung?

Das einmalige Flußdelta-Ökosystem des Nestos mit seinen verschiedenen Feuchtbiotopen ist akut von der Zerstörung bedroht. Die Umwandlung noch vorhandener natürlicher Auwälder und der einst ungestörten Lagunenbereiche in intensiv genutzte Landwirtschaftsflächen bedeuten das Aus für einen unersetzbaren Teil unseres einmaligen europäischen Naturerbes. Der illegale Holzraubbau im Auwald sowie die rücksichtslose Jagd und Wilderei haben schon viele seltene Tierarten an den Rand der Ausrottung gebracht.

Die akute Gefährdung wird deutlich, wenn man sich die einstige Dimension der naturnahen Gebiete im Nestos-Delta vorstellt. Der ehemals über 7.500 ha große Auwald ist heute nur noch auf ca.1.500 ha zu finden. Die Sumpfflächen um die Lagunen sind weitgehend zu Maismonokulturen umgewandelt.

Obwohl die große ökologische Bedeutung des Nestos-Deltas inzwischen anerkannt ist und der Schutz durch internationale Konventionen und EG-Recht vorgeschrieben wird, schreitet die Zerstörung weiter voran.

Der Hauptverursacher der Naturzerstörung ist noch immer die Landwirtschaft. Unterstützt durch Programme und Subventionen der Europäischen Gemeinschaft werden ständig neue Flächen entwässert und "urbar" gemacht.

Großflächiger Maisanbau und Pappelkulturen prägen heute das Bild des Nestos-Deltas

Weitere große Gebiete werden flurbereinigt und an das Bewässerungsnetz angeschlossen. Doch schon heute reichen die Wassermengen für die Bewässerung der Felder nicht aus. Jedes Jahr gibt es ein hartes Gerangel, welche Gemarkung zuerst bewässert wird. Für einen Teil der Felder reicht das Wasser in trockenen Jahren nicht aus, ein Teil der Ernte geht verloren.

Folgen der Eindeichung

Die Eindeichung des Nestos in den 50er Jahren hatte hydrologische und ökologische Veränderungen im gesamten Delta zur Folge. So unterband sie die Versorgung der Deltaflächen mit Oberflächenwasser und Nährstoffen. Die Folgen sind Störungen des empfindlichen Gleichgewichts von Süß-, Brack- und Salzwasser in den Lagunen. Gleichzeitig sank der Grundwasserspiegel. Ohne größere Schwierigkeiten konnten nun die naturnahen Bereiche nahezu des gesamten Deltas in landwirtschaftliche oder forstwirtschaftliche Nutzflächen umgewandelt werden.

Durch den Pestizideintrag treten schwere Schäden in den Feuchtgebieten auf

Änderung des Klimas

Als Folge der umfassenden Auwaldrodungen können bereits Veränderungen des Regionalklimas beobachtet werden. Die früher regelmäßigen Sommergewitter mit ihren segensreichen Niederschlägen bleiben inzwischen meist aus, da die verbliebenen Auwaldreste ihre Funktion als Wasserspeicher nicht mehr erfüllen können.

Auswirkungen der Landbewirtschaftung

Im Zuge der Intensivierung der Landwirtschaft wurde ein ausgedehntes Bewässerungssystem angelegt. Der steigende Wasserbedarf der Landwirtschaft läßt den Fluß in den Sommermonaten meist völlig austrocknen. Die übermäßige Verwendung künstlicher Dünger und Spritzmittel hat zu einer starken Verschmutzung und Überdüngung der Lagunen und Seen im Delta geführt. Dies hat sich sehr negativ auf die Pflanzen-

und Tierarten des Gebietes ausgewirkt. Für Fische und andere Wassertiere ist der Nestos im Sommer fast unpassierbar geworden. Der Fischotter muß auf Be- und Entwässerungskanäle ausweichen, die Lagunen sind für empfindliche Arten nicht mehr bewohnbar. Schwerwiegende Veränderungen der Auwaldstruktur sind langfristig zu befürchten.

Staudämme im Nestos-Oberlauf

Doch schon gibt es eine neue Gefahr für das gesamte Ökosystem: Ca. 60 km oberhalb des Deltas baut die staatliche Stromgesellschaft drei Staudämme. Diese sollen die Winterhochwässer des Nestos auffangen, um in den Sommermonaten noch größere landwirtschaftliche Flächen im Bezirk Kavala und Drama zu bewässern. Niemand kann bisher voraussagen, wie sich dieser schwere Eingriff in den Wasserhaushalt des Nestos auf die abwärtsgelegenen Ökosysteme auswirken wird.

Mais statt Trockenbohnen

Im Zuge der landwirtschaftlichen Intensivierung hat sich in den vergangenen Jahren ein grundlegender Wechsel vollzogen. Der Maisanbau hat fast alle anderen Feldfrüchte verdrängt, einschließlich derer, die wenig oder keine künstliche Bewässerung benötigen. Die ehemals berühmten Trockenbohnen der Nestos-Region sind weitgehend verschwunden. Heute wird dafür im Nestos-Delta ca. 20 % der gesamten griechischen Maisernte eingebracht. Dies brachte auch einen verstärkten Einsatz von Dünge- und Pflanzenschutzmitteln, mit den bekannten Folgen für die Gewässer. Das Wegwerfen von leeren Giftdosen in den nächstliegenen Kanal kostet jährlich zahllosen Wasserschildkröten, Amphibien und Fischen das Leben.

Das Ende der Wasserbüffel

In sehr starkem Maße erfolgte auch ein Wechsel von der Viehhaltung zum Ackerbau. Ehemalige Weideflächen wurden in großem Maßstab umgebrochen. Das verbliebene Vieh drängt deshalb heute vor allem in die wertvollen Restbestände einer ehemalig intakten Auenlandschaft. Verstärkt wird dieses Problem durch den Übergang von traditionellen Weidetieren mit geringer "Schadwirkung" wie Wasserbüffel auf Schafe oder gar Ziegen.

Die Auswirkungen sind augenfällig. Innerhalb kürzester Zeit verschwinden Arten durch die direkte Überweidung oder durch die vom Kot der Pflanzenfresser verursachte Überdüngung. Besonders auffällig ist dies in den natürlicherweise nährstoffarmen Bereichen: Salzmarschen und Dünen. Hier werden Bodenbrüter gestört, ihre Nester zertrampelt.

Pappelmonokulturen statt Auwald

Bei der Rodung des Kotza-Orman-Urwaldes wurden Tausende von Hektar natürlicher Auwälder vernichtet. Diese Flächen wurden entweder zu Äckern umgewandelt oder mit Hybridpappeln bepflanzt. Die 2.100 ha Pappelkulturen bringen zwar relativ hohe Holzerträge, sie sind jedoch anfällig gegen Schädlinge. Raupenplagen werden unter systematischer Anwendung von Pestiziden bekämpft. Dies führt zu einer zusätzlichen Belastung der Umwelt. Das Holz der schnellwüchsigen Pappeln ist von minderer Qualität und eignet sich nur zur Papierherstellung oder als Bauholz.

An den Auwald angepaßte Tiere und Pflanzen haben in den unterwuchsfreien, akkurat gepflanzenten Pappelforsten kaum Überlebenschancen.

Fischerei

Die Intensivierung der Lagunenfischerei seit Anfang der 70er Jahre hat vielfältige, schwerwiegende Veränderungen in der Landschaft hervorgerufen. Der verringerte Süßwasser- und Nährstoffeintrag und die dadurch ausgelöste Versalzung führte zu einer Verarmung der Lagunen. Nach italienischem Vorbild sollten durch eine Vielzahl von Erdarbeiten an den Lagunenrändern und den Küstendünen die Produktionsverhältnisse verbessert und die Fischereinutzung intensiviert werden. Die Folgen waren großflächige Zerstörungen, insbesondere durch das Ausbaggern von tiefen Gräben und durch die Ablagerung von Aushub in den Salzmarschen und Dünen.

Die Wasserverschmutzung, bedingt durch die Einleitung ungeklärter Abwässer der Städte und der östlich von Kavala liegenden Schwerindustrie, wirkt sich zudem negativ auf die Lagunenfischerei aus.

Der Holzfrevel

Besonders negativ wirken sich die unzähligen illegalen menschlichen Aktivitäten in der freien Landschaft aus. An erster Stelle steht dabei der Holzfrevel. Jährlich werden im Auwald am Nestos Tausende von Bäumen einfach gestohlen. Bewohner der umliegenden Dörfer fahren am Wochenende mit Traktor und Anhänger in den Wald und holen sich den Holzvorrat für den Winter. Kontrollen finden fast nie statt. Kommt es einmal zu einer Anzeige und einem Gerichtsverfahren, so endet dieses entweder mit einem Freispruch oder mit einer geringen Geldstrafe.

Dieser Mißbrauch, dem die Forstverwaltung weitgehend untätig zuschaut, da der Auwald kein Wirtschaftswald ist, hat auf Hunderten von Hektar große Wunden in dieses empfindliche Ökosystem geschlagen. Neue Wege entstehen im Wald, hier können Holzfrevler eindringen, gefolgt von Schaf- und Ziegenhirten, deren Tiere dann durch Kahlfraß jede natürliche Regeneration verhindern.

Die Jagd

In Griechenland kann praktisch jeder Bürger ohne besondere Prüfungen einen Jagdschein und ein Gewehr erwerben und auch jagen, wo immer er möchte. Die wenigen Jagdwächter im von der Jagd eigentlich befriedeten Nestos-Delta sind nicht in der Lage, dieses Jagdverbot entlang des Flusses und in den Lagunen zu überwachen. Im Winter halten sich Hunderte von Wilderern in den Jagdschutzzonen auf, es herrschen kriegsähnliche Verhältnisse.

Die Offshore-Ölförderung vor Kavala verursacht eine erhebliche Verschmutzung des Meeres

Was der Naturschutz tut

Ein europäisches Naturschutz-Modellprojekt

Viel Zeit bleibt nicht mehr, um die noch vorhandenen Auwaldflächen und mit ihnen die angrenzenden Feuchtgebiete mit ihrer seltenen Tier- und Pflanzenwelt für kommende Generationen zu schützen.

Es stellt sich auch die Frage, ob es eine Gesellschaft fertig bringt, den Spornkiebitz als Teil des europäischen Naturerbes zusammen mit den anderen im Gebiet vorkommenden Tier- und Pflanzenarten schon um ihrer selbst willen zu schützen. Gleichzeitig geht es darum, einen der bedeutsamsten Rast- und Überwinterungsplätze für eine Vielzahl von Zugvögeln aus Mittel-, Nord- und Osteuropa als Teil des internationalen Rastplatzsystems zu erhalten.

Projektplanung

Das Nestos-Projekt hat internationalen Modell-Charakter und soll deutlich machen, daß Natur und Kultur verbunden sind, und Naturschutz nicht gegen, sondern nur mit den Menschen erfolgreich betrieben werden kann.

In enger Zusammenarbeit mit den beteiligten Gemeinden und den verschiedenen gesellschaftlichen Gruppen und Institutionen sowie in Abstimmung mit der griechischen Regierung geht es darum, einen einzigartigen Naturraum für die Zukunft zu erhalten.

Einzelprojekte im Rahmen der Naturschutz-Modellaktion:

- Ausweisung von besonderen Schutzgebieten zur Sicherstellung der Auwald- und Lagunenbereiche im Nestos-Delta.
- Regeneration der bestehenden Auwälder.
- Erhaltung der letzten Vorkommen des Spornkiebitzes in Europa.
- Aufkauf bzw. Anpacht besonders bedrohter Bereiche.
- Betreuung der Auwaldbereiche und Erforschung landschaftsgerechter Nutzungsmöglichkeiten.
- Anlage neuer Auwälder in enger Zusammenarbeit mit den griechischen Forstbehörden.
- Einrichtung eines ständig betreuten Naturschutzzentrums als Anlaufstelle für interessierte Touristen sowie als Zentrum für ein effizientes Naturschutz-Management.
- Sensibilisierungsmaßnahmen zur Verbesserung des Verständnisses für die Notwendigkeit des Naturschutzes.
- Konzeption und Umsetzung eines Programms zur Förderung eines ökologisch verträglichen Tourismus.
- Herausgabe dieses Naturführers über den Nestos.
- Biotopmanagement im Bereich der Auwälder mit dem Ziel, wieder große, zusammenhängende Urwaldbereiche zu schaffen.
- Förderung wissenschaftlicher Grundlagen-Studien zur Anwendung effizienter Naturschutzkon-

zepte am Nestos im Vergleich zu ähnlichen Situationen, etwa im Bereich der Rheinauen. Durchführung eines wissenschaftlichen Projekts am Nestos sowie am Rhein im Rahmen des integrierten Rheinprogramms des Landes Baden-Württemberg.

- Durchführung von internationalen Naturschutz-Jugend-Workcamps.
- Seminare für Naturschutzfachleute und Fortbildung von Lehrern, Leitern von Jugendgruppen etc.
- Erhaltung der Winterrastplätze für Wat- und Wasservögel.
- Integration des Naturschutzprojekts in kulturelle Initiativen in enger Zusammenarbeit mit den verschiedenen gesellschaftlichen Institutionen in Griechenland.
- Förderung einer naturverträglichen Landwirtschaft (z.B. ökologischer Reisanbau).

Wie Sie helfen können

Unterstützen Sie das Nestos-Projekt durch eine Spende oder durch die Übernahme einer "Spornkiebitz-Patenschaft". Das Spendenkonto lautet:

Konto-Nr. 333
Baden-Württembergische Bank
BLZ 604 300 60

Stiftung Europäisches Naturerbe
Güttinger Straße 19
7760 Radolfzell 1
Telefon: 07732/2516

Sie können durch eine einmalige Spende oder durch eine regelmäßige "Spornkiebitz-Patenschaft" (ab 10 Mark monatlich) mithelfen, die notwendigen Geldmittel für das Naturschutzprojekt "Nestos" aufzubringen

Spornkiebitz-Patenschaft

Herr Jürgen Resch

unterstützt mit einer Spornkiebitz-Patenschaft von 100.- DM die Bemühungen der Stiftung Europäisches Naturerbe zum Schutz des Nestos-Deltas in Nordost-Griechenland.

Radolfzell, 05.04.89
Ort, Datum

Claus-Peter Hutter - Präsident

STIFTUNG EUROPÄISCHES NATURERBE

Literaturverzeichnis

ANNONYMOS (1986): Ministry of Environment: Program of Bordering Studies of the Greek Ramsar Sites. Athens. Vol. 4: Nestos-Delta, 105 S.; ATHNASIOU, H. (1987): Past and present Importance of the Greek Wetlands for wintering Waterfowl. IWRB Report, 63 S.; BAUER, W., O.v. Helversen, M. Hodge, J. Martens (1969 b) Catalogus Faunae Graeciae. Pars II, Aves. Thessaloniki. 203 S.; BAUER, W. and G. Müller (1971): Natur- und Vogelschutz in Griechenland. Ber.Dtsch.Sekt.Int.Rat. Vogelschutz, Vol 11: 21-26; BAUER, W., H.J.Böhr, U. Mattern and G. Müller (1973): Zweiter Nachtrag zum "Catalogus Faunae Graeciae": Neue Ergebnisse der Brutverbreitung der Vögel Griechenlands. Vogelwelt, Vol. 94: 1-21; CONRADTY, P. and G. Hohlt (1967): Zur Kenntnis der Vogelwelt Nordgriechenlands II. Anz. Orn. Ges. Bayern, Vol. 8: 45-51; CRIVELLI, A.J. (1980): The Importance of Greece for the Conservation of two Species of Pelicans (P. crispus, P. onocratalus). Nature, Bull. Hell. Coc. Prot. Nature, Vol 23: 35-39; CRIVELLI, A.J., H. Jerrentrup and B. Hallmann (1988 a): Preliminary Results of a complete Census of breeding solonial Wading Birds in Greece, Spring 1985-86. Journal Hellenic Ornithological Society. Vol. 4: 31-33; ECONOMIDES, P. (1974): Morphological, systematical an zoogeographical study of the fishes of E. Macedonia and W. Thraki. PhD-thesis. Thessaloniki; FENDRICH, W. (1968): Eine "Camargue" in Griechenland. Kosmos, Vol. 64, 348-352; FYTIANOS, K., V. Samanidou and T. Agelidis (1986): Comparative Study of Heavy Metals Pollution in Various Rivers and Lakes of Northern Greece. Ambio, Vol. 15, 42-44; HALLMANN, B. (1982): Important Bird Areas to the European Community (Greece). EC / ICBP Report, 18 S.; HALLMANN, B. (1987): Status and distribution of the genus Aquila in Greece. Proceedings, 4th International Congress on Zoogeography and Ecology of Greece and adjoint Regions. Kamena Vourla 1987. Biologia Gallo-hellenica. (in press). HELVERSEN, O.v. (1962): Zur Verbreitung des Spornkiebitzes (Hoplopterus spinosus) in Nordost-Griechenland. J. Orn., Vol. 103: 491; HELVERSEN, O.v. (1963): Beobachtungen zum Verhalten und zur Brutbiologie des Spornkiebitzes (Hoplopterus spinosus). J. Orn., Vol. 104, 89-96; HOFFMANN; L., W. Bauer and G. Müller (1971): Proposals for Nature Conservation in Northern Greece.IUCON Occasional Paper No. 1: 40 S.; JERRENTRUP, H. (1982): Ökologische Untersuchungen in Feuchtgebieten internationaler Bedeutung in Nordost-Griechenland. Universität Heidelberg, Dipl. Arbeit, 219 S.; JERRENTRUP, H. (1986 a): Ökosystem Nestos-Delta: Natürliche Zonierung und entsprechende Tiergemeinschaften, Naturschutz und menschliche Aktivitäten im Widerspruch. Biologia Gallo-hellenica, Vol. 12, 315-334; JERRENTRUP, H. (1986 b): The Distribution of Birds in three Wetlands in NE-Greece. Thracica Chronica, Vol. 41: 194-211. (griechisch); JERRENTRUP, H. (1989): Vergleich zweier Teil-Populationen des Weißstorchs (Ciconia ciconia) im Nestos Delta, Nordost-Griechenland Proceedings, 1st international Stork Conservation Symposium, Walsrode, 127-135; JERRENTRUP; H. and J. Lösing (1988): Situation der Flußauen in Griechenland. Proceedings, 1st. International Congress on Conservation and Development of European Foodplains. Rastatt, Germany. (in press); JERRENTRUP, H., M. Gaethlich, A.H. Joensen, H. Nohr and Brogger-Jensen (1989): Urgent Action Plan to safeguard three endangered Species in Greece and EC. Report für die Komission der Europäischen Gemeinschaft, DGXI. 162 S.; KANELLIS, A. 1979: Greek Wetlands, Their International Importance for the Protection of Birds. Proceedings: Conference on the Protection of the Flora, Fauna and biotopes in Greece. Athens 1979, 158-163; KRAUS, M. and P. Conradty (1965): Zur Kenntnis der Vogelwelt Nordgriechenlands, Anz. orn. Ges. Bayern, Vol. 7: 475-485; KRAUS, M., G. Hohlt, P. Conradty and E. Bauer (1969): Zur Kenntnis der Vogelwelt Nordgriechenlands III. J. Orn., Vol. 110, 83-89; MACDONALD, S. M.& C., F. Mason (1982): Otters in Greece. Orx, Vol. 16, 240-244; MACDONALD, S. M. & C. F. Mason (1985): Otters, their Habitat and Conservation in Northeast Greece. Biol.Conservation, Vol. 31, 191-210; MAKATSCH, W. (1950): Die Vogelwelt Macedoniens. Akademische Verlagsgesellschaft Geest & Portig K.-G., Leipzig. 452 S.; MALAKOU, M., H. Jerrentrup, A. Kyriazi, D. Hatzantonis and E. Papyannakis (1988): Integrated Management of coastal Wetlands of the Mediterranean Type in Northern Greece. Report to EC-DG XI, Athens 108 S.; MÜLLER, G. (1979): The Birds of Greece, Threats and Measures of Protection; Conclusions from 20 years of Observations, Proceedings Conference on the Protection of the Flora, Fauna and Biotopes in Greece, Hellenic Society for the Protection of nature, Athens. 147-155; PAPAIOANNOU, I.K.(1953): Der Wald "Kotza Orman", Eidogi; Raines, R. J. (1962): The Distribution of Birds in Northeast Greece in Summer. Ibis, Vol. 104, 490-502; WATSON, G.E. (1961): Aegean Bird Notes including two breeding Records new to Europe. J.Orn., Vol. 102: 301-307

Index der wichtigen Ortsbezeichnungen sowie Tier- und Pflanzenarten

Die fettgedruckten Zahlen verweisen auf Fotos und Abbildungen.

Bildnachweis

Blessing, Karin: 106
Böwingloh, Frank: 2u
Hau, Gerald: 2o
Huber: 123
Hutter, Claus-Peter: 11, 18,
Jerrentrup, Hans: Umschlag vorne und hinten,3, 6, 8, 12, 14, 15, 16, 17, 19o, 20, 21, 22, 23, 26, 27o, 28, 29o, 30, 31, 33, 34, 35, 38, 39m, 39u, 42o, 42m, 44, 47o, 47m, 50, 51, 52, 54, 55, 56, 58, 59m, 60, 61, 62ol, 62or, 62u, 63, 66, 67, 69, 71, 72, 73mu, 73l, 74, 75, 76, 78, 81o, 82o, 83, 85, 93, 95o, 98, 99, 107, 112, 116, 117, 118, 119
OKAPIA/Nagel, Werner: 103
Resch, Jürgen: 2u, 27m, 29u, 46
Rödel, Mark-Oliver: 19m, 19u, 27u, 39o, 43, 59o, 79, 86, 87, 88, 89, 90o, 90mo, 90mu, 91mo, 91mu, 95m, 110, 115, 118, 121
Rösler, Stefan: 40, 42u, 47u, 48, 52, 59u, 62m, 65, 73u, 80, 81u, 82u, 84, 90u, 91o, 91mm, 91u, 94, 95u, 102, 108, 111, 114
Sutter: 9
Wirth 73o, 73mo, 73mu

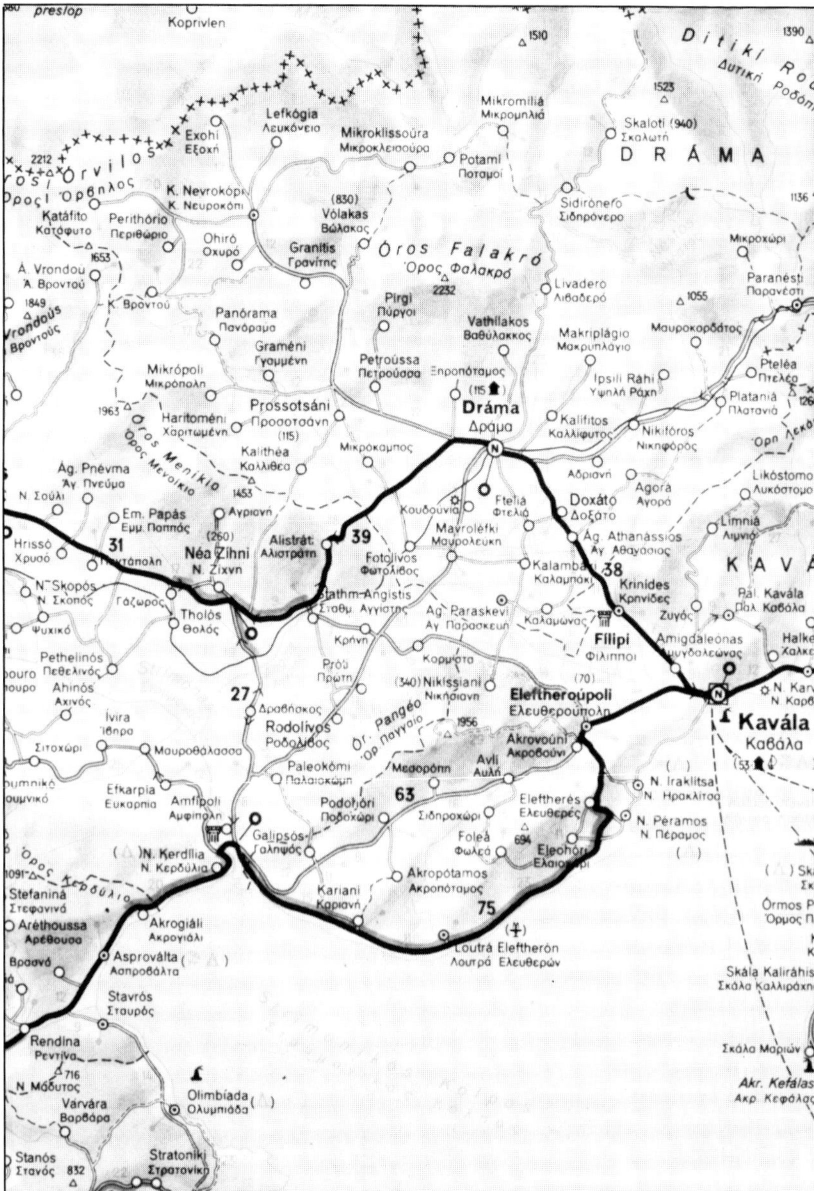

Auszug aus der Michelin-Straßenkarte von Griechenland. Maßstab 1:700000 - 1 cm = 7 km